Sammlung Vandenhoeck

V&R

Simone Frieling (Hg.)

Der rebellische Prophet

Jona in der modernen Literatur

Vandenhoeck & Ruprecht

Simone Frieling, geboren 1957 in Wuppertal, lebt als Schriftstellerin und Malerin in Mainz. Bisher ist von ihr erschienen: ein Sammelband mit Erzählungen »Mutproben«, die Anthologie »Das Regenbuch« sowie zahlreiche Beiträge in Zeitschriften und Anthologien. 1998 erhielt sie den Martha-Saalfeld-Preis.

Die Abbildungen stammen von der Herausgeberin.

Die Deutsche Bibliothek – CIP-Einheitsaufnahme

Der *rebellische Prophet:*
Jona in der modernen Literatur /
Simone Frieling (Hg.). –
Göttingen: Vandenhoeck und Ruprecht, 1999
(Sammlung Vandenhoeck)
ISBN 3-525-01225-X

Umschlagbild: Simone Frieling, Mainz

Inhalt

Jona und die Dichter

Vorwort von Dieter Lamping

Kaum ein Prophet hat moderne Autoren so angezogen wie Jona. Das *Buch Jona* ist eines der kürzesten Bücher der Bibel – aber es hat zahllose Schriftsteller inspiriert. Die Reihe der literarischen Werke, die ihm gewidmet sind, ist lang und nur noch schwer zu überblicken. Sie reicht in der modernen Literatur etwa von Herman Melville bis zu Paul Auster, ohne mit ihm zu enden. Sie schließt Romane wie Stefan Andres' *Der Mann im Fisch*, Dramen wie Peter Hacks' *Jona*, Erzählungen wie Katja Behrens' *Jona* und Gedichte wie Aldous Huxleys *Jonah* ein. Hinzu kommen Werke, in denen Jona zwar nicht im Mittelpunkt steht, aber doch zumindest Erwähnung findet – wie Gertrud Kolmars Gedicht *Die Tiere von Ninive* oder Gertrud Leuteneggers Roman *Ninive*. Andere moderne Autoren haben einzelne Motive der Jona-Geschichte aufgegriffen und mehr oder weniger frei verarbeitet – etwa Eugene O'Neill in seinem expressionistischen Sklavenhalter-Drama *Emperor Jones* oder Albert Camus in seiner Künstler-Novelle *Jonas oder Der Künstler bei der Arbeit*, schließlich auch Johannes Schenk in seinem Seefahrer-Poem *Jona*. Wieder andere wie etwa der israelische Schriftsteller Meir Shalev in seinem Buch *Der Sündenfall – ein Glücksfall?* haben Jonas Geschichte nacherzählt und dabei auf eigene Weise, mal ernsthaft, mal ironisch, kommentiert. Nicht selten ist die Jona-Geschichte schließlich auch neu erzählt worden – wie etwa von Alberto Manguel in seiner ›Predigt‹ *Jona und der Wal*.

Darstellungen des Jona-Stoffs finden sich im übrigen keineswegs nur in der modernen Literatur. Von Francisco Gomez de Quevedo, dem Hauptvertreter des Conceptismo in der spanischen Literatur, zum Beispiel ist ein *A la ballena y a Jonas* genanntes Gedicht von 1620 überliefert. Noch frühere

Bearbeitungen des Stoffs stammen aus dem 14. und 15. Jahrhundert. Spätestens im 20. Jahrhundert jedoch ist Jona eine Figur der Weltliteratur geworden.

Diese dauerhafte Anziehung ist nicht schwer zu erklären: Der Prophet Jona ist eine ungewöhnliche Persönlichkeit mit einer ungewöhnlichen Geschichte. Für die Theologen ist er zumeist nur einer der ›kleinen Propheten‹, von dem keine große Rede überliefert ist. Hätte Jesus nicht an Jona erinnert (Matth. 12, 39) und damit eine typologische Deutung dieser Figur vorgegeben – die Geschichte des Propheten wäre wohl vor allem ein Fall für die Bibelkritik geworden: Allzu märchen- und mythenhaft liest sich die Fisch-Episode, die für viele Interpreten ohnehin kaum mehr ist als eine Lügengeschichte.

Jona im Bauch des großen Fisches hat von jeher die Phantasie der Dichter erregt, aber nicht nur als eine phantastische Geschichte, die sie natürlich auch ist. Sie bietet sich für mancherlei symbolische Deutungen an: der Bauch des Fisches etwa als Unterwelt, das Verschlungenwerden als Sterben, das Ausgespieenwerden als Wiedergeburt, die drei Tage im Bauch des Fisches als Zeit der Umkehr. Der Wal selbst kann für Bedrohungen und Strafen vieler Art stehen – die meist durchaus zweideutig sind und zugleich Rettung bedeuten. Motive wie Untergang und Überleben, Selbstaufgabe und Einsicht verbinden sich mit der Episode, und sie kann sowohl als eine Erweckungs- wie als eine Initiations-Geschichte gelesen werden.

Wer der Fisch-Episode keinen rechten Glauben schenken mag, kann in ihr immer noch genug finden, um sich zu amüsieren – über einen außerordentlich gefräßigen (Hai-)Fisch wie Carlo Collodi in *Pinocchios Abenteuer* oder über einen verunsicherten, fast neurotisch verängstigten Wal wie Günter Eich in seinem kleinen, *Jonas* genannten Prosa-Text. Schließlich mag er auch wie Ernst Jandl mit dem Motiv seine linguistischen Späße treiben: Langweilig wird es mit dem großen Fisch nie.

Für die Schriftsteller ist Jona allerdings nicht nur durch seine Geschichte, sondern auch durch seinen Charakter eine faszinierende Gestalt. Tatsächlich ist er zumindest unter den

Propheten des Alten Testaments der »merkwürdigste« (Alberto Manguel): ein Prophet, der mit seinem Gott hadert und seinem Propheten-Amt zu entfliehen sucht; ein Einzelgänger, der den Untergang einer Stadt prophezeit; ein moralischer Rigorist, der auf Bestrafung für einmal begangene Sünden besteht; gleichwohl ängstlich in seinem Eigensinn, stolz und nicht ohne Hochmut; dennoch ein Mensch, der zur Umkehr in der Lage ist.

Die Schriftsteller hat dieser Jona in seiner Uneindeutigkeit immer wieder fasziniert, christliche ebenso wie jüdische, gläubige ebenso wie ungläubige, die sich dabei insgesamt zwischen entschiedener Distanzierung und ausdrücklicher Identifikation bewegten. Ihre Ansichten dieses Propheten sind verschiedenartig bis zum Widerspruch. Für die einen ist er ein Ungehorsamer, der seinen Gott verhöhnt und dafür bestraft wird in stürmischer See, der »verächtlichste und nichtswürdigste aller Schelme« aus dem »Club der Walfänger« (Melville). Für die anderen ist er ein Gescheiterter, ein »Niemand in Summa von besonderem Interesse«, typisch für alle, die »im Schlunde des Wales Krieg« waren (Dadelsen). Den einen erscheint er als ein »Niemand«, der durch die Hölle ging (Léon Felipe) und erst dabei das »Wort« fand, ein durch das Unglück Geläuterter. Den anderen gilt er als ein Künstler, der einsam mit seiner Berufung ringt (Camus). Für die einen ist er ein gefährlicher Rechthaber, widersprüchlich in seiner Propheten-Rolle und geradezu abstoßend in seiner Art, »das Schlimmste zu wollen« (Canetti). Für die anderen ist er ein »erschrockener Prophet« (Strigler), der vor seinem Gott und vor seiner Berufung flieht. Für die einen bleibt er ein Zweifler, »empfindlich und wissend« (Johnson); für die anderen ein dilettantischer Prophet, dessen Prophezeiung nicht eingetreten ist (Shalev). Für die einen ist er eine Gestalt von gestern, nicht vergleichbar mit dem »Jona von heute«, einem »Beamten des Zufalls« (Herbert); für die anderen ein durchaus zeitgenössischer Mensch, der sich im Schlimmsten einrichtet (Meckel). Den einen gilt er als eine unheimliche, verstörende Figur, keiner Gruppe zugehörig (S. Frieling); den anderen schließlich als ein Einsamer, der sich von den Menschen abgewandt hat, »unwillig zu sprechen«, weil er »besser kein Prophet sein« will »als ein falscher« (Auster).

»Was ist überhaupt – ein Prophet?« fragt in seiner Jona-Erzählung der jiddische Schriftsteller Mordechai Strigler. Die Bearbeitungen des Jona-Stoffs in der modernen Literatur geben auf diese Frage die unterschiedlichsten Antworten. Nicht weniger insistent stellen sie allerdings auch andere Fragen – nicht nur, wie Uwe Johnson am Ende seiner kleinen Erzählung, die nach dem Ausgang der Geschichte, die unvermittelt abzubrechen scheint, eine Geschichte mit offenem Ende. Ist dieser Jona, »der Sohn Amitthais« (Herbert), nicht auch ein moderner Charakter – schwierig, zerrissen, unberechenbar? Ist dieser »Niemand« (Felipe) nicht auch ein Jedermann? Eignet er sich nicht für unterschiedlichste Projektionen?

Jona, dieser in der Bibel nur mit wenigen Strichen gezeichnete Mensch, scheint – vielleicht gerade deswegen – eine unerschöpfliche Gestalt zu sein. Unübersehbar jedenfalls ist der Versuch vieler Autoren, der alten Figur eine neue Seite abzugewinnen und ihrer längst bekannten Geschichte eine überraschende Wendung zu geben – sei es auf komische Weise wie Günter Eich, sei es auf ernste Weise wie Paul Auster. Zu diesen Versuchen gehört auch die zuletzt von Alberto Manguel in seinem Buch *Im Spiegelreich* vorgetragene Deutung Jonas als eines Künstlers: »Ich bin sicher, Jona war ein Künstler«, schreibt Manguel. In seiner gesellschaftskritischen parabelhaften ›Predigt‹ erscheint Ninive als eine »korrupte Gesellschaft«, in der »die Politiker und die Künstler im Krieg miteinander lagen«. Ihr gieriger Materialismus macht den Künstler zu einem ungeliebten Außenseiter, der sich verweigert und schließlich verstummt.

Manguel ist nicht der erste Autor, der in Jona ein »künstlerisches Temperament« gesehen hat; auch Camus' Erzählung ist ein solches Verständnis impliziert, ebenso Austers Reflektionen. Es ist nicht zuletzt diese Verwandlung des Propheten in einen Künstler, die das anhaltende Interesse der Schriftsteller an Jona erklärt.

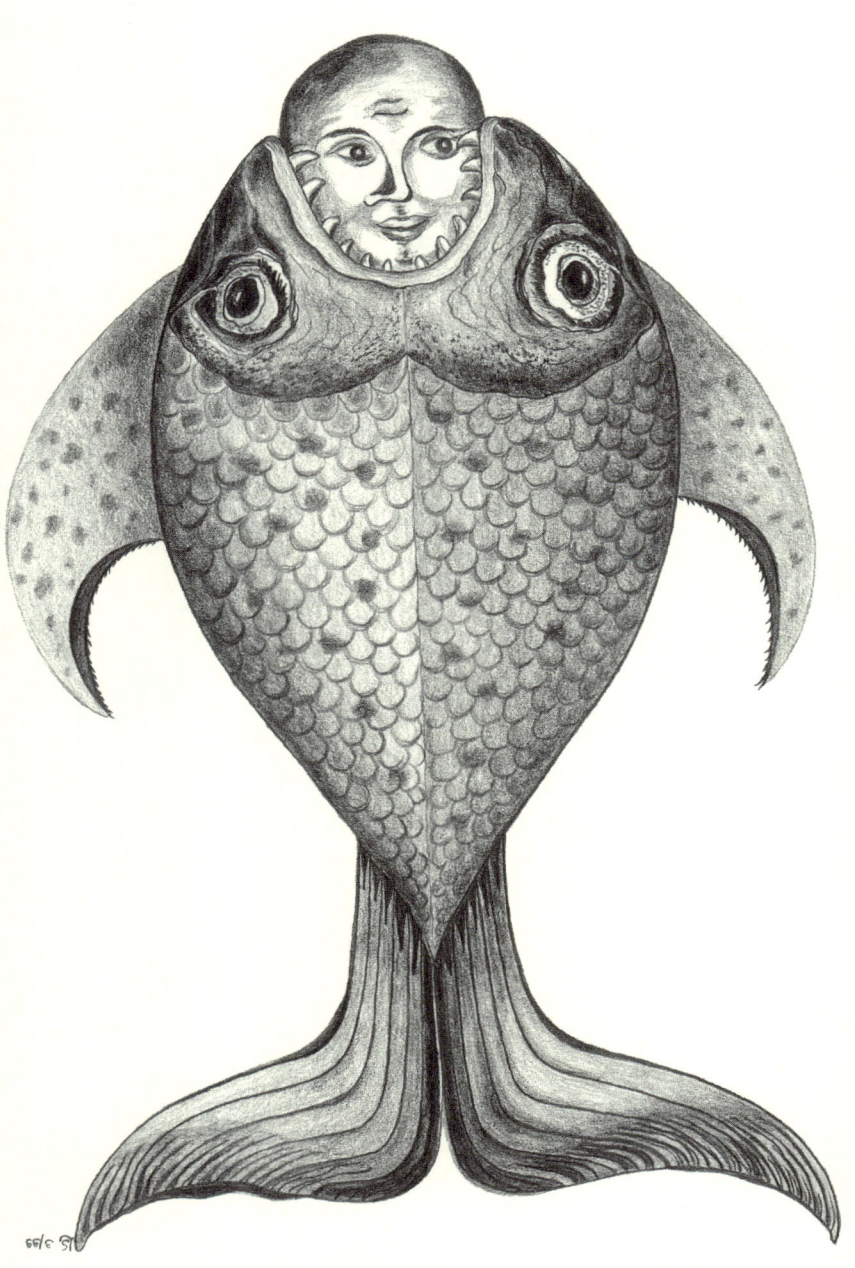

ৰাৰ্ছ গী

Der Prophet Jona

Jona 1,1-4,11 in der Übersetzung Martin Luthers

Es GESCHACH DAS WORT DES HERRN ZU JONA dem son
Amithai / vnd sprach / ²Mache dich auff / vnd gehe in
die grosse stad Nineue / / vnd predige drinnen / Denn jre
bosheit ist er auff komen fur mich. ³Aber Jona machte sich
auff vnd flohe fur dem HERRN / vnd wolt auffs Meer / vnd
kam hin ab gen Japho / Vnd da er ein Schiff fand / das auffs
Meer wolt faren / gab er Fehrgeld vnd trat drein / das er mit
jnen auffs Meer füre / fur dem HERRN. | |

DA lies der HERR einen grossen wind auffs Meer komen
vnd hub sich ein gros vngewitter auff dem Meer / Das
man meinet / das Schiff würde zu brechen. ⁵Vnd die Schiff-
leute furchten sich / vnd schrien / ein jglicher zu seinem
Gott / vnd worffen das Gerete / das im Schiff war / ins
Meer / das es leichter würde. Aber Jona war hinunter in das
Schiff gestiegen / lag vnd schlieff. ⁶Da trat zu jm der Schiff-
herr / vnd sprach zu jm / Was schleffestu? Stehe auff / ruffe
deinen Gott an / Ob vieleicht Gott an vns gedencken wolte /
das wir nicht verdürben.

⁷VND einer sprach zum andern / Kompt / wir wollen los-
sen / das wir erfaren / vmb welchs willen es vns so vbel
gehe / Vnd da sie losseten / traffs Jonam. ⁸Da sprachen sie zu
jm / Sage vns / warumb gehet es vns so vbel? Was ist dein
gewerbe? vnd wo kompstu her? Aus welchem Lande bistu?
vnd von welchem Volck bistu? ⁹Er sprach zu jnen / Jch bin
ein Ebreer / vnd fürchte den HERRN Gott von Himel / welcher gemacht hat das Meer vnd das Trocken. ¹⁰Da furchten
sich die Leute seer / vnd sprachen zu jm / Warumb hastu
denn solches gethan? Denn sie wusten / das er fur dem
HERRN flohe / Denn er hatte es jnen gesagt.

¹¹DA sprachen sie zu jm / Was sollen wir denn mit dir
thun / das vns das Meer stille werde? Denn das meer fuhr

vngestüm. ¹²Er sprach zu jnen / Nemet mich vnd werfft mich ins Meer / so wird euch das Meer still werden / Denn ich weis / das solch gros Vngewitter vber euch kompt vmb meinen willen. ¹³Vnd die Leute trieben / das sie wider zu lande kemen / Aber sie kundten nicht / Denn das Meer fuhr vngestüm wider sie. ¹⁴Da rieffen sie zu dem HERRN / vnd sprachen / Ah HERR / las vns nicht verderben vmb dieses Mannes seele willen / vnd rechne vns nicht zu vnschüldig blut / Denn du HERR thust / wie dirs gefellet.

¹⁵VND sie namen Jona / vnd wurffen jn ins Meer / Da stund das Meer still von seinem wüten. ¹⁶Vnd die Leute furchten den HERRN seer / vnd theten dem HERRN opffer vnd gelübde. ¹Aber der HERR verschafft einen grossen Fisch / Jona zu uerschlingen / Vnd Jona war im leibe des Fisches / drey tag vnd drey nacht.

II.

Vnd Jona betet zu dem HERRN seinem Gott / im Leibe des Fisches / ³vnd sprach.

JCH rieff zu dem HERRN in meiner Angst / vnd er antwortet mir / Jch schrey aus dem Bauch der Hellen / vnd du höretest meine stim.

⁴DV warffest mich in die Tieffe mitten im Meer / das die Flut mich vmbgaben / Alle deine wogen vnd wellen giengen vber mich.

⁵DAs ich gedacht / Jch were von deinen Augen verstossen / Jch würde deinen heiligen Tempel ᵃnicht mehr sehen.

⁶WAsser vmbgaben mich / bis an mein Leben / Die Tieffe vmbringete mich Schilff bedeckte mein Heubt.

⁷JCH sanck hinuntern zu der Berge gründe / Die Erde hatte mich verriegelt ewiglich / Aber du hast mein Leben aus dem Verderben gefürt / HERR mein Gott.

⁸DA meine Seele bey mir verzagt / Gedacht ich an den HERRN / Vnd mein Gebet kam zu dir / in deinen heiligen Tempel.

⁹ᵇDJe da halten vber dem Nichtigen / Verlassen jre gnade.

¹⁰JCh aber wil mit Danckopffern / Meine Gelübde wil ich bezahlen dem HERRN / das er mir geholffen hat.

¹¹VND der HERR sprach zum Fische / Vnd der selb speiet Jona aus ans Land. / /

III.

Vnd es geschach das Wort des HERRN zum andern mal zu Jona / vnd sprach / ²Mach dich auff / gehe in die grosse stad Nineue / vnd predige jr die Predigt / die ich dir sage. ³Da macht sich Jona auff / vnd gieng hin gen Nineue / wie der HERR gesagt hatte / Nineue aber war ein stad Gottes / drey Tagereise gros. ⁴Vnd da Jona anfieng hin ein zugehen eine Tagereise in die Stad / predigt er / vnd sprach / Es sind noch vierzig tage / So wird Nineue vntergehen. ⁵Da gleubten die Leute zu Nineue an Gott / vnd liessen predigen / Man solte fasten / Vnd zogen Secke an / beide gros vnd klein.

⁶VND da das fur den König zu Nineue kam / stund er auff von seinem Thron vnd legt seine Purpur abe / vnd hüllet einen Sack vmb sich / vnd setzt sich in die Asschen. ⁷Vnd lies aus schreien vnd sagen zu Nineue / aus befelh des Königes vnd seiner Gewaltigen also / Es sol weder mensch noch Thier / weder Ochsen noch Schafe etwas kosten / vnd man sol sie nicht weiden / noch wasser trincken lassen. ⁸Vnd sollen Seck vmb sich hüllen / beide Menschen vnd Thier / vnd zu Gott ruffen hefftig / Vnd ein jglicher bekere sich von seinem bösen wege vnd vom freuel seiner hende. ⁹Wer weis? Gott möcht sich bekeren vnd rewen / vnd sich wenden von seinem grimmigen zorn / das wir nicht verderben.

¹⁰DA aber Gott sahe jre Werck das sie sich bekereten von jrem bösen wege / Rewete jn des Vbels / das er geredt hatte jnen zu thun / vnd thets nicht.

IIII.

Das verdros Jona fast seer / vnd ward zornig / ²Vnd betet zum HERRN vnd sprach / Ah HERR / Das ists / das ich saget / da ich noch in meinem Lande war / darumb ich auch wolte zuuor komen zufliehen auffs Meer / Denn

ICH WEIS / DAS DU GNEDIG / BARMHERTZIG / LANGMÜTIG
VND VON GROSSER GÜTE BIST / VND LESST DICH DES VBELS
REWEN. ³So nim doch nu HERR meine Seele von mir / Denn
ich wolt lieber tod sein denn leben. ⁴Aber der HERR sprach /
Meinstu / das du billich zürnest.

VND Jona gieng zur Stad hin aus / vnd satzt sich gegen
Morgen werds der Stad / vnd macht jm daselbs eine
Hütten / da satzt er sich vnter / in den schatten / Bis er
sehe / was der Stad widerfaren würde.

⁶GOtt der HERR aber verschafft einen Kürbis / der wuchs
vber Jona / das er schatten gab vber sein Heubt / vnd errettet jn von seinem vbel / vnd Jona frewet sich seer vber dem
Kürbis. ⁷Aber der HERR verschaffte einen Wurm / des morgens / da die Morgenröte anbrach / der stach den Kürbis /
das er verdorrete. ⁸Als aber die Sonne auffgegangen war /
verschaffte Gott einen dürren Ostwind / vnd die Sonne
stach Jona auff den Kopff / das er matt ward. Da wündschet
er seiner Seelen den tod / vnd sprach / Jch wolt lieber tod
sein denn leben.

⁹DA sprach Gott zu Jona / Meinstu / das du billich zürnest
vmb den Kürbis? Vnd er sprach / Billich zürne ich / bis an
den tod. ¹⁰Vnd der HERR sprach / Dich jamert des Kürbis /
daran du nicht geerbeitet hast / hast jn auch nicht auff gezogen / welcher in einer nacht ward / vnd in einer nacht ver-
darb. ¹¹VND MICH SOLT NICHT JAMERN NINEUE SOLCHER
GROSSEN STAD / Jn welcher sind mehr denn hundert vnd
zwenzig tausent Menschen / die nicht wissen vnterscheid /
was recht oder linck ist / Dazu auch viel Thiere.

Ende des Propheten Jona. ‖

Jona

Jona 1,1-4,11 verdeutscht von
Martin Buber und Franz Rosenzweig

SEINE Rede geschah zu Jona Sohn Amitajs, es sprach:
Steh auf,
wandre nach Ninive, der großen Stadt,
und rufe über ihr aus,
daß ihre Bosheit vor mein Antlitz herübergezogen ist.
Jona stand auf,
nach Tarschisch zu flüchten, von SEINEM Antlitz fort.
Er stieg nach Jaffa hinab, fand ein Schiff, das nach Tarschisch
    ging, gab den Fährlohn dafür
und bestiegs, mit ihnen nach Tarschisch zu gehen, von
    Seinem Antlitz fort.
ER aber schleuderte einen großen Wind aufs Meer,
und ein großer Sturm ward auf dem Meer,
daß das Schiff zu zerbrechen meinte.
Die Seeleute fürchteten sich, sie schrien, jedermann zu sei-
    nem Gott,
und schleuderten ins Meer die Geräte, die im Schiff waren,
    sich darum zu erleichtern.
Jona aber war ins hinterste Verdeck gestiegen, hatte sich ge-
    legt und war eingeschlafen.
Da näherte sich ihm der Kielherr und sprach zu ihm:
Wie kannst du schlafen!
steh auf, ruf deinen Gott an!
vielleicht bedenkt sich unsertwegen der Gott, daß wir nicht
    hinschwinden müssen!
Jene aber sprachen einer zum andern:
Wohlan, wir wollen Lose werfen,
daß wir erkennen, wessenthalb uns dieses Böse geworden ist.
Sie warfen Lose,
und das geworfne Los fiel auf Jona.

Sie sprachen zu ihm:
Vermelde uns doch,
du, dessenthalben dieses Böse uns ward,
welches ist dein Geschäft?
und woher kommst du?
welches ist dein Land?
und von welchem Volk bist du?
Er sprach zu ihnen:
Ich bin ein Ebräer,
und IHN, den Gott des Himmels, fürchte ich,
der das Meer und das Trockne gemacht hat.
Die Männer fürchteten sich, eine große Furcht,
und sprachen zu ihm:
Was hast du da getan!
Denn die Männer erkannten nun,
daß vor SEINEM Antlitz er flüchtig war,
denn damit hatte ers ihnen gemeldet.
Sie sprachen zu ihm:
Was sollen wir mit dir tun,
daß das Meer von uns ab sich stille?
denn das Meer stürmt immer heftiger noch!
Er sprach zu ihnen:
Ergreift mich und schleudert mich ins Meer,
daß das Meer von euch ab sich stille!
denn ich erkenne,
daß meinethalb dieser große Sturm wider euch ist.
Die Männer ruderten drauflos,
es ans Trockne zurückzubringen,
aber sie vermochtens nicht,
denn das Meer stürmte immer heftiger wider sie.
Da riefen sie IHN an, sie sprachen:
Ach, Du,
laß uns nimmer doch schwinden um die Seele dieses Manns!
nimmer auch mögst du unsträfliches Blut über uns geben!
denn selber, Du, tust du, wies dir gefällt.
Sie ergriffen Jona und schleuderten ihn ins Meer.
Und das Meer hielt ein in seinem Wüten.
Die Männer fürchteten IHN, eine große Furcht,
sie schlachteten Schlachtmahl IHM und gelobten Gelübde.

ER aber bestimmte einen großen Fisch zu,
Jona zu verschlingen.
Und Jona war im Leib des Fisches
drei Tage und drei Nächte.

Jona betete zu IHM seinem Gott aus dem Fischleib,
er sprach:

Ich rief aus meiner Drangsal zu IHM,
und er antwortete mir,
ich flehte aus dem Bauche des Gruftreichs,
du hörtest meine Stimme.

Mich hat der Strudel geworfen
ins Herz der Meere,
mich umringte der Strom,
all deine Brandungen,
deine Wogen,
über mich sind sie gefahren.

Schon sprach ich, ich sei vertrieben
von deinen Augen hinweg, –
dürfte ich nur je wieder blicken
zur Halle deines Heiligtums!

Die Wasser umtobten mich
bis an die Seele,
mich umringte die Abgrundflut,
Tang war gewunden
mir ums Haupt.

Zu den Wurzelschnitten der Berge
sank ich hinab,
das Erdland, seine Riegel
auf Weltzeit hinter mir zu, –
da hobst aus dem Schlamme mein Leben
DU, mein Gott.

Als meine Seele in mir
verschmachten wollte,
habe ich DEIN gedacht,
und zu dir kam mein Gebet,
zur Halle deines Heiligtums.

Die der Dunstgebilde warten des Wahns,
deren Huld müssen die lassen!
Ich aber,
mit der Stimme des Lobs
will ich schlachtopfern dir,
was ich gelobte bezahlen, –
die Befreiung ist DEIN!

ER sprach zum Fisch,
und der spie Jona aufs Trockne.
Und SEINE Rede geschah zu Jona ein zweites Mal, es sprach:
Steh auf,
wandre nach Ninive, der großen Stadt,
und rufe den Ruf ihr zu,
den ich zu dir rede.
Jona stand auf und wanderte nach Ninive, SEINER Rede ge-
    mäß.
Ninive aber war eine große Stadt vor Gott, drei Tage zu
    durchwandern.
Jona begann, in die Stadt hineinzugehen, eine Tageswande-
    rung, und rief, er sprach:
Noch vierzig Tage, und Ninive wird umgestürzt!
Die Männer Ninives wurden Gott vertrauend,
sie riefen Kasteiung aus und kleideten in Sackleinen sich,
    von Groß bis Klein.
Die Rede gelangte zum König von Ninive,
er stand von seinem Thron auf, legte seinen Mantel ab, be-
    deckte sich mit dem Sack und setzte sich in die Asche.
Er ließ ausschrein und sprechen:
In Ninive, auf Befehl des Königs und seiner Großen zu spre-
    chen:
Mensch und Getier, Rind und Schaf,

sollen nimmer das geringste verkosten,
man soll nimmer weiden,
Wasser soll man nimmer trinken!
mit Sackleinen soll man sich bedecken,
Mensch und Getier,
man soll zu Gott rufen mit Macht,
und umkehren sollen sie, jedermann von seinem argen Weg,
von der Unbill, die an ihren Händen ist!
wer weiß, umkehren möchte der Gott,
es möchte ihm leidsein,
und er kehrt um vom Flammen seines Zorns,
und wir schwinden nicht!
Gott sah ihr Tun,
daß sie umkehrten von ihrem argen Weg,
und leid wards Gott des Argen,
das ihnen zu tun er geredet hatte,
und er tat es nicht.

Das ärgerte Jona, eines großen Ärgers,
es entflammte ihn,
und er betete zu IHM, er sprach:
Ach, DU!
war nicht dies meine Rede gewesen,
als ich noch auf meinem Boden war?
deswegen wollte ich zuvorkommen, nach Tarschisch zu
    flüchten!
ich wußte ja,
daß du eine gönnende und erbarmende Gottheit bist,
langmütig, reich an Huld,
und leid wirds dir des Argen.
Jetzt aber, DU,
nimm doch meine Seele von mir,
denn mehr recht ists, daß ich sterbe, als daß ich lebe.
ER aber sprach:
Hats dich rechtschaffen entflammt?
Jona wanderte zur Stadt hinaus
und setzte sich östlich der Stadt,
dort machte er sich eine Hütte

und saß darunter im Schatten,
bis er sähe, was in der Stadt geschehen würde.
Er, Gott, aber hatte eine Rizinusstaude zubestimmt,
daß sie aufschösse, über Jona hinauf,
um über seinem Haupt Schatten zu sein,
ihm von seinem Ärger abzuschatten.
Und Jona freute sich über die Staude, eine große Freude.
Gott aber bestimmte einen Wurm zu,
als das nächste Morgengrauen aufstieg,
der stach die Staude, daß sie verdorrte.
Und es geschah, wie die Sonne erstrahlte,
da bestimmte Gott einen schneidenden Ostwind zu,
die Sonne stach auf Jonas Haupt nieder,
er verschmachtete
und wünschte seiner Seele zu sterben,
er sprach:
Mehr recht ists, daß ich sterbe, als daß ich lebe.
Gott aber sprach zu Jona:
Hats dich rechtschaffen entflammt
um die Rizinusstaude?
Er sprach:
Rechtschaffen hats mich entflammt
bis ans Sterben.
Er aber sprach:
Dich also dauerts der Staude,
um die du dich nicht gemüht hast,
die du nicht hast großgezogen,
die als Kind einer Nacht ward
und als Kind einer Nacht schwand!
Mich aber sollte nicht dauern
Ninives, der großen Stadt,
darin es mehr als zwölf Myriaden von Menschen gibt,
die zwischen Rechts und Links nicht wissen zu unterschei-
    den,
und Getiers die Menge?

Die Predigt

Herman Melville in der Übersetzung von Fritz Güttinger

Vater Mapple erhob sich und forderte in mildem, bei all seiner Leutseligkeit dennoch gebieterischem Ton die verstreut Umhersitzenden zum Zusammenrücken auf.

»Steuerbordseite! Schließt auf nach Backbord; Backbordseite nach Steuerbord! Mittschiffs! Mittschiffs!«

Zwischen den Bänken entstand ein leises Scharren schwerer Seestiefel und das noch leisere Schlurfen von Frauenschuhen; dann herrschte wieder Stille, und aller Augen richteten sich auf den Geistlichen.

Dieser stand eine Weile in sich gekehrt da, kniete dann vorne auf der Kanzel nieder und verschränkte die breiten gebräunten Hände über der Brust, das Haupt mit gesenkten Lidern emporgewandt. Darauf sprach er ein Gebet von solch tiefer Frömmigkeit, als knie und bete er auf dem Grund des Meeres.

Alsdann begann er in feierlich getragenem Ton das Kirchenlied zu lesen; es klang wie das fortgesetzte Schallen der Glocke auf einem in Nebel und Seenot geratenen Schiff. Gegen die Schlußstrophen hin ging er jedoch zu einer andern Tonart über; hell schmetterte da Frohlocken und Freude:

»In Finsternis und Dunkel klaffte
Der Schlund des Walfischs überall,
Dieweil zutiefst hinab mich raffte
Der sonnenlichte Wogenschwall.

Der Hölle Rachen sah ich ragen
Mit Gram und Grauen fürchterlich,
Von Menschenmund nicht auszusagen;
Ach, in Verzweiflung stürzte ich.

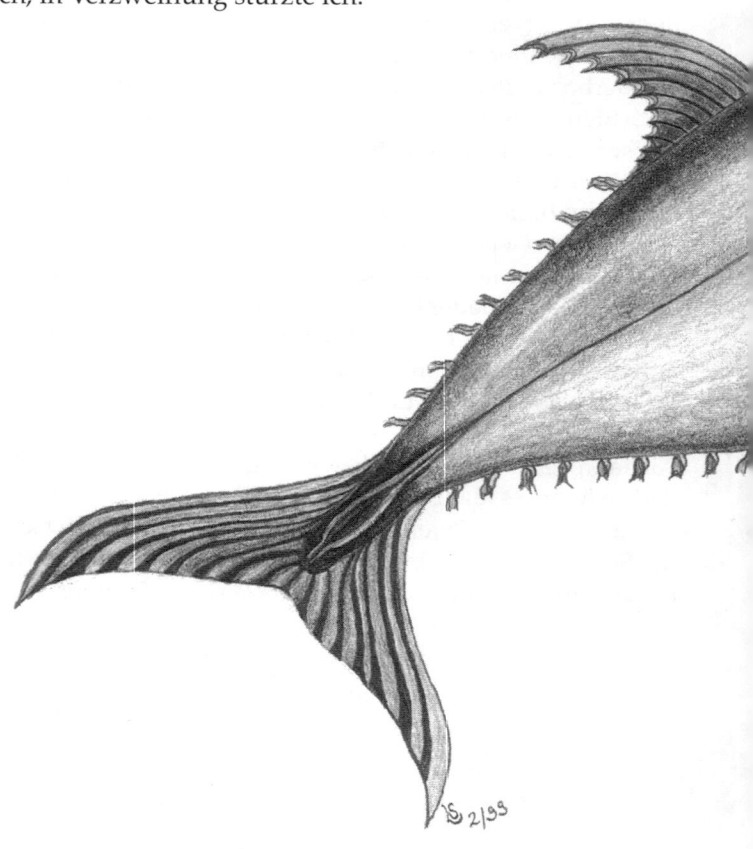

Ich wollte ganz und gar verzagen,
Zum Herrn aus finstrer Not ich schrie;
Doch er erhörte meine Klagen.
Der Walfisch mich ans Land ausspie.

Unheimlich, wie von Blitzen hell
Das Antlitz des Erlösers schien,
Da er mir kam zu Hilfe schnell,
Als trüge ihn leuchtend ein Delphin.

Für alle Zeiten gebe Kunde
Mein Lied, zu Gottes Ruhm erdacht,
Vom Schreck und Jubel dieser Stunde;
Sein ist die Gnade und die Macht.«

Fast alle stimmten in das Lied ein, so daß der Gesang das Heulen des Sturmes übertönte. Darauf folgte eine kurze Stille, während der Prediger bedächtig die Bibel umblätterte, bis er dann die betreffende Seite mit gefalteten Händen beschwerte und sprach:

»Liebe Schiffsleute! Laßt uns an den Propheten Jona anknüpfen, den ersten Vers des zweiten Kapitels: ›Aber der Herr verschaffte einen großen Fisch, Jona zu verschlingen.‹

Schiffsleute, dieses Buch, das aus ganzen vier Kapiteln besteht – vier Garnen gewissermaßen –, ist einer der geringsten Stränge im gewaltigen Trossenschlag der Heiligen Schrift. Und doch, welche Tiefen der Menschenseele lotet nicht Jonas Leine aus! Was für eine schicksalsträchtige Lehre erteilt uns doch dieser Prophet! Wie erhaben ist sein Loblied aus dem Schlunde des Fisches heraus! Wie wild und gewaltig wogt es darin! Wir fühlen die Wasser über uns hinwegbrausen, wir tauchen mit in die tangbewachsene Tiefe; Schlinggewächs und all der Schlick und Schlamm des Meeresgrundes umgibt uns! Welches ist nun aber die Lehre, die uns das Buch Jona erteilt? Schiffsleute, es ist eine doppelstrangige Lehre; eine Lehre für uns alle als sündhafte Menschen, und eine Lehre für mich als Lotsen des Herrn. Als sündhafte Menschen können wir alle daraus lernen; denn es ist die Geschichte der Sünde und Verhärtung, der plötzlich aufsteigenden Ängste und jähen Züchtigung, der Reue, der Gebete und zuletzt der Erlösung und Freude des Propheten Jona. Wie bei allen gottlosen Sündern, bestand auch bei dem Sohne Amitthais die Sünde in seinem frevlen Ungehorsam dem Gebot des Herrn gegenüber; was für ein Gebot es war und wie es ihm übermittelt wurde, braucht uns vorerst nicht zu bekümmern. Jona dünkte es ein schwer zu erfüllendes Gebot. Doch alles, was der Herr uns aufträgt, ist schwer zu erfüllen – vergeßt das nie –, und daher redet uns Gott nicht erst lange zu; er gebietet. Gott gehorchen heißt, sich selbst zuwiderhandeln; deshalb kommt uns der Gehorsam sauer an.

Mit der Sünde des Ungehorsams beladen, frevelt nun Jona abermals, indem er vor dem Herrn zu fliehen sucht. Er wähnt, ein von Menschenhand erbautes Schiff werde ihn nach Ländern bringen, die nicht Gott, nur den Herren dieser

Welt untertan sind. Er lungert im Hafen von Japho umher und sucht nach einem Schiff, das gen Tharsis führe. Darin steckt vielleicht ein Sinn, auf den man bisher nicht geachtet. Nach allem, was uns überliefert ist, kann Tharsis keine andere Stadt gewesen sein als das heutige Cadiz. Darüber sind sich die Gelehrten einig. Und wo liegt dieses Cadiz, meine Freunde? Cadiz liegt in Spanien, und weiter weg hätte sich Jona damals im Altertum zu Wasser überhaupt nicht begeben können; denn der Atlantische Ozean war dazumal noch so gut wie unbekannt. Japho, das heutige Jaffa, Schiffsleute, liegt nämlich ganz im Osten des Mittelmeers, an der syrischen Küste; Tharsis oder Cadiz dagegen mehr als zweitausend Meilen westwärts davon, jenseits der Meerenge von Gibraltar. Offensichtlich gedachte Jona eine ganze Welt zwischen sich und Gott zu bringen. Der Elende! Oh, der höchst erbärmliche und nichtswürdige Wicht! Den Schlapphut in die Stirne gerückt, schleicht er mit schuldbewußtem Blick seinem Gott davon; treibt sich am Kai herum wie ein schändlicher Einbrecher, der über das Wasser zu entkommen sucht. So unstet und verräterisch ist sein Blick, daß er heutzutage nur schon auf sein verdächtiges Aussehen hin verhaftet würde, ehe er noch den Fuß auf ein Deck gesetzt. Man merkt von weitem, daß er sich auf der Flucht befindet: kein Gepäck, nicht eine einzige Hutschachtel oder Reisetasche; keine Freunde, die ihn zum Liegeplatz begleiten, um Abschied zu nehmen. Nachdem er lange überall herumgefragt hat, findet er zuletzt das Schiff nach Tharsis, das soeben die letzten Stückgüter übernimmt; und wie er nun an Bord geht, um den Kapitän in der Kajüte aufzusuchen, halten alle die am Ladegeschirr beschäftigten Matrosen einen Augenblick inne, da ihnen der böse Blick des Unbekannten auffällt. Jona entgeht dies nicht; aber vergeblich sucht er sich ein argloses, selbstsicheres Ansehen zu geben, vergeblich zwingt er sich zu einem lumpigen Lächeln. Ein untrügliches Gefühl sagt den Jantjes, daß dieser Mensch etwas auf dem Kerbholz hat. In ihrer verspielten und doch ernsthaften Art raunt einer dem andern zu: ›Du, Jan, der hat einer Witwe den Notpfennig geklaut‹, oder: ›Sieh dir den dort an, Maat, das ist bestimmt ein Heiratsschwindler‹, oder: ›Mensch, schau doch, da kommt wohl der Ehebrecher, der seinerzeit in Gomorra aus dem Kerker entwischte, oder vielleicht ist es einer der unauffindbaren Mörder aus Sodom.‹ Ein anderer steigt rasch auf den Kai, um den dort angeschlagenen Steckbrief zu lesen, worin für die Ergreifung eines Mörders fünfhundert Goldstücke ausgesetzt sind. Er liest die Beschreibung, und sein Blick wandert zwischen Jona und dem Anschlag hin und her, während seine Kameraden, vom gleichen Gedanken beseelt, Jona umringen, um gegebenenfalls Hand an ihn zu legen. Jona schlottert vor Angst, und je mehr er sich bemüht, ein keckes Wesen zur Schau zu tragen, um so windiger wirkt er. Er sucht es zu vertuschen, daß man ihn verdächtigt, was den Verdacht nur noch steigert. So macht er gute Miene zum bösen Spiel; schließlich überzeugen sich die Matrosen, daß er nicht der ausgeschriebene Verbrecher ist, und lassen ihn durch, worauf er zur Kajüte hinuntersteigt.

›Wer ist's?‹ ruft der Kapitän, am Schreibtisch damit beschäftigt, schnell noch die Papiere für den Zoll auszufertigen. ›Wer ist's?‹ Oh, wie fühlt Jona sich bei der harmlosen Frage im Innersten getroffen! Beinahe macht er kehrt, um von neuem die Flucht zu ergreifen. Doch dann ermannt er sich. ›Ich möchte nach Tharsis; das Schiff geht doch bald in See?‹ Bis dahin hatte der Kapitän, in seine Arbeit vertieft, überhaupt nicht zu Jona aufgeschaut, obwohl dieser nun vor ihm steht; sobald er jedoch die gepreßte Stimme hört, mißt er ihn mit einem prüfenden Blick. ›Mit der nächsten Flut laufen wir aus‹, antwortet er schließlich gedehnt, während er Jona immer noch eingehend mustert. ›Nicht eher?‹ – ›Früh genug für jeden ehrlichen Fahrgast.‹ Jona gibt es abermals einen Stich. Rasch lenkt er den Kapitän von dieser Fährte ab. ›Ich fahre mit‹, erklärt er, ›wie hoch kommt die Überfahrt zu stehen? Ich bezahle gleich.‹ Denn es steht ausdrücklich geschrieben, meine Freunde, als sei dies ein Umstand, der nicht übersehen werden dürfe, daß Jona ›Fährgeld gab‹, ehe das Schiff ankeraufging. Und im Zusammenhang betrachtet, ist es freilich ein bedeutsamer Umstand.

Dieser Kapitän nämlich, Schiffsleute, gehörte zu denen, die ein Auge für das Verbrechen haben, dieses Auge jedoch bereitwillig zudrücken, sofern sie dabei auf ihre Rechnung kommen. Die Sünde, die ihr Fahrgeld entrichtet, Schiffsgasten, findet auf dieser Welt überall freie Bahn; der Tugend dagegen, falls sie mittellos ist, bleibt der Weg allerorten versperrt. Unser Kapitän will daher zuerst erproben, wie weit Jonas Mittel reichen, bevor er den Stab über ihn bricht. Er fordert das Dreifache des üblichen Betrags, und Jona geht darauf ein. Jetzt weiß der Kapitän, daß er einen Flüchtling vor sich hat; doch ist er nicht abgeneigt, eine Flucht zu begünstigen, die eine goldene Spur hinterläßt. Noch immer voll Mißtrauen, prüft er, als Jona dann den Beutel hervorkramt, vorsichtig den Klang jedes Geldstücks auf seine Echtheit. Jedenfalls kein Falschmünzer, sagt er sich; und Jona wird in die Liste eingetragen. ›Bitte mir meine Kammer anzuweisen‹, verlangt nun Jona, ›ich bin müde von der Reise und habe Schlaf nötig.‹ ›Das sieht man‹, bemerkt der Kapitän, und er zeigt ihm seine Kammer. Jona tritt ein und möchte die Türe verschließen, aber es steckt kein Schlüssel im Schloß. Der Kapitän hört, wie Jona sich ärgerlich daran zu schaffen macht, und lacht in sich hinein, wobei er etwas von Sträflingszellen murmelt, die sich nie von innen her schließen lassen. In den staubigen Kleidern, wie er steht und geht, wirft sich Jona in die Koje und merkt, daß die Decke der kleinen Kammer fast auf seiner Stirne ruht. Eine stickige Luft herrscht hier drin, die Jona den Atem verschlägt. In diesem engen Schlupfwinkel, der zudem noch unter der Ladelinie des Schiffes liegt, beschleicht Jona eine Vorahnung der Stunde, da er im Leibe des Walfischs fast ersticken wird.

Querweg an die Wand festgeschraubt, pendelt eine Hängelampe in Jonas Kammer fast unmerklich hin und her; und da das Schiff infolge der zuletzt an Bord genommenen Last gegen die Kaimauer zu überliegt, hängt die Lampe mitsamt ihrer leichten Unruhe ständig schief im Raum; selber zwar unfehlbar lotrecht, dient sie nur dazu, die trügerischen Ebenen, zwischen denen sie schwebt, Lügen zu strafen. Die Lampe hat für Jona etwas Beängstigendes; während er von seiner Koje aus den Blick gehetzt in der Kammer umherwandern läßt, bleibt ihm trotz der bis dahin geglückten Flucht ein Ruhepunkt versagt. Das Widersinnige dieser Lampe steigert zusehends seine Beklemmung. Boden, Decke, Wände, alles steht schief. ›Ach ja, genau so hängt das Gewissen in mir‹, stöhnt er. ›Kerzengerade brennt seine Flamme; aber mit meinem innern Haushalt steht es schief!‹

Wie einer, der sich nach durchzechter Nacht zu Bett begibt, noch wirblig im Kopfe, dazu von Gewissensbissen gemartert, einem Pferde gleich, das wider den Stachel leckt; wie einer, der in dieser jammervollen Drangsal sich benommen von einer Seite auf die andere wälzt und Gott um Vernichtung anfleht, um nur diesem Zustand zu entrinnen, bis er dann bei seinem trunkenen Elend in eine tiefe Betäubung verfällt, ähnlich der Ermattung eines Verblutenden (denn das Gewissen ist die Wunde, und nichts kann sie stillen); so versinkt auch Jona nach qualvollem Widerstreit, vom Übermaß seiner schweren Not in die Tiefe gezogen, zuletzt in bleiernen Schlaf.

Inzwischen hat die Flut eingesetzt; die Belegtaue werden losgeworfen, und von dem menschenleeren Kai hinweg gleitet das stark krengende Schiff sang- und klanglos in See. Dieses gen Tharsis segelnde Schiff, meine Freunde, war der erste Schmuggler, von dem uns berichtet wird. Die Schmuggelware aber war Jona. Doch das Meer empörte sich; es will die verruchte Last nicht tragen. Ein fürchterlicher Sturm kommt auf, das Schiff droht zu zerbrechen. Und während nun der Bootsmann alle Mann antreten läßt, um das Fahrzeug zu erleichtern, während Kisten und Kasten, Tonnen und Töpfe über Bord poltern, während der Wind pfeift, das Geschrei der Leute gellt und jede Planke über Jonas Haupt vom Getrampel der Stiefel widerhallt; während des ganzen tobenden Aufruhrs schläft Jona seinen heillosen Schlaf. Der schwarzverhängte Himmel und das wütende Meer sind für ihn nicht vorhanden; er merkt nichts vom Krachen im Gebälk, und noch weniger ahnt er etwas von dem fernher anstürmenden, großmächtigen Wal, der hinter ihm her ist und bereits mit klaffendem Maul das Meer durchfurcht. Jona war ja hinunter in das Schiff gestiegen; in seiner Kammer lag er in der Koje, wie man annehmen muß, in tiefen Schlaf versunken. Doch der Schiffsherr tritt voller Angst zu ihm hin und schreit ihm in die tauben Ohren: ›Was schläfst du? Stehe auf!‹ Durch den Schreckensruf aus seiner Betäubung aufgerüttelt, taumelt Jona vom Lager und stolpert an Deck, wo er sich an eine der Wanten klammert und auf das Meer hinausschaut. Im selben Augenblick springt ihn auch schon eine schwere See an, die sich, einem Panther gleich, über die Verschanzung stürzt. So kommt eine Sturzflut nach der andern über und läuft, auf der Suche nach ihrem Opfer, brüllend nach vorn und nach achtern, bis die Seefahrer auf ihrem eigenen Schiff beinahe ertrinken. Und zuweilen, wenn sich der Mond kreidebleich aus den Schluchten der Finsternis droben hervorwagt, sieht Jona entgeistert, wie das sich aufbäumende Bugspriet steil in die Höhe weist und danach wieder in die aufgewühlte Tiefe saust.

Ein namenloses Grauen bemächtigt sich seiner. Durch sein zerknirschtes Verhalten verrät sich nun der vor Gott Flüchtende nur allzu deutlich. Er fällt den Matrosen auf; immer mehr werden sie in ihrem Verdacht bestärkt. Bestrebt, der Wahrheit auf den Grund zu kommen, verfallen sie zuletzt darauf, zu losen, um so durch ein Gottesurteil zu erfahren, wer ihnen dieses große Ungewitter auf den Hals gebracht. Das Los trifft Jona. Kaum steht dies fest, wird er umringt und mit Fragen bestürmt. ›Was ist dein Gewerbe? Wo kommst du her? Aus welchem Lande? Von welchem Volk?‹ Und nun, meine Freunde, achtet auf das Gebaren des armen Jona. Die Schiffsleute wollen nur wissen, wer er ist und woher er stammt, erhalten aber nicht nur Bescheid auf diese Fragen, sondern dazu noch Antwort auf eine Frage, die sie gar nicht gestellt haben; diese unverlangte Antwort wird Jona von der strengen Hand Gottes abgepreßt, die auf ihm wuchtet.

›Ich bin ein Hebräer‹, ruft er, und dann: ›Ich fürchte den Herrn, den Gott des Himmels, welcher gemacht hat das Meer und das Trockene!‹ Ihn fürchten, Jona? Ja, du hattest damals alle Ursache, den Herrgott zu fürchten! Und so legt er denn ohne weiteres ein volles Geständnis ab, wobei es den Schiffsleuten immer unheimlicher wird. Noch haben sie zwar Mitleid mit ihm; denn als Jona – der den Herrn noch nicht um Erbarmen anfleht, da er nur allzusehr von seiner Verworfenheit durchdrungen ist –, als nun der Elende von ihnen heischt, man solle ihn nehmen und ins Meer werfen, denn um seinetwillen sei dieses große Ungewitter über sie gekommen, da wenden sie sich barmherzig von ihm ab und versuchen, das Schiff auf andere Art zu retten. Freilich umsonst; immer lauter empört sich das Meer. Erst da verstehen sie sich dazu, die eine Hand beschwörend zum Himmel erhoben, Jona zu ergreifen.

So wird denn nun Jona wie ein Anker gepackt und außenbords geworfen, worauf sich augenblicklich eine ölglatte Flaute von Osten her verbreitet und das Meer stillsteht, dieweil Jona den Sturm mit sich hinunternimmt. Er versinkt im wirbelnden Trichter eines dermaßen rasenden Aufruhrs, daß er es kaum gewahrt, als er mitten im Gebrodel in den klaffenden Rachen fällt, der seiner wartet; und der Wal schnappt das Gebiß wie ein Gehege beinerner Riegel vor Jonas Kerker zu. Damals betete Jona zu dem Herrn, seinem Gott, im Leibe des Fisches. Dieses Gebet nun ist bemerkenswert und äußerst lehrreich. So sündig Jona auch ist, flennt und fleht er doch nicht geradezu um Erlösung. Er empfindet die furchtbare Strafe als gerecht. Die Hilfe ist ohnehin des Herrn, und so begnügt sich der Gepeinigte mit der Beteuerung, daß er trotz allem Ungemach immer zu Gottes heiligem Tempel aufschauen werde. Hier, Fahrensleute, habt ihr wahre und gläubige Reue, die nicht um Gnade schreit, sondern Strafe annimmt. Wie sehr der Herr an diesem Verhalten Jonas Gefallen fand, erhellt schon daraus, daß er ihn schließlich aus dem Wasser und dem Wal errettet hat. Fahrensleute, wenn ich euch Jona als ein Vorbild hinstelle, geschieht es nicht seiner Sünde, sondern seiner Bußfertigkeit wegen. Versündigt euch nicht; andernfalls aber seht zu, daß ihr Buße tut wie Jona.«

Während dieser Worte war es, als bestärke der draußen brausende Sturm den Prediger, der bei der Beschreibung des wütenden Meeres gleichsam selber von einem Sturm umhergeworfen wurde. Seine Brust wogte, wie von einer Dünung bewegt; die wilden Gebärden wirkten wie der Widerstreit der entfesselten Elemente; der langhinrollende Donner seiner Sätze und die Blitze, die aus seinen Augen zuckten, all das ließ ihn den schlichten Zuhörern in einem unheimlichen Licht erscheinen.

Nunmehr kam jedoch etwas Stilles in seinen Blick, während er wortlos im Buch der Bücher weiterblätterte und dann eine Weile mit gesenkten Lidern, ohne sich zu rühren, dastand, als halte er Zwiesprache mit Gott und sich selber.

Darauf neigte er sich wieder den Leuten zu und sprach gesenkten Hauptes, in der Haltung tiefster und doch männlichster Demut:

»Schiffsvolk, ihr spürt nur die eine Hand des Herrn auf euch; mich aber beschwert er mit beiden Händen. Ich habe euch, soweit dies meinen trüben Sinnen gegeben ist, die Lehre ausgelegt, die Jona einer sündhaften Menschheit und damit auch euch, in noch höherem Maße aber mir selber erteilt; denn ich bin der größere Sünder. Wie gerne enterte ich nun nieder aus diesem Mast, um mich dort unter euch auf die Luken zu setzen und mitanzuhören, wie einer aus euern Reihen jene zweite und schrecklichere Lehre auslegt, die Jona mir als dem Lotsen des Herrn erteilt. Jona, der doch als Prophet zum Lotsen, will sagen zum Verkünder der Wahrheit gesalbt und von dem Herrn geheißen worden war, dieser verpönten Wahrheit in einem ruchlosen Ninive Gehör zu verschaffen, Jona, sage ich, entsetzt beim Gedanken an die Feindschaft, die er sich zuziehen soll, weicht der Berufung aus, er sucht Gott und der Pflicht zu entrinnen, indem er in Japho zu Schiff geht. Gott aber ist überall; Jona hat Tharsis nie erreicht. Wie wir gehört haben, ereilte ihn Gott in dem Walfisch, schlang ihn zuerst in die Abgründe der Verdammnis hinab, preschte mit ihm in rasenden Strudeln zehntausend Klafter weit hinunter; Wasser umgaben ihn bis an sein Leben, die Tiefe umringte ihn, und Schlinggewächse bedeckten sein Haupt. Doch selbst da, wo kein Senkblei je hinreicht – ›aus dem Bauche der Hölle‹ –, als der Wal zutiefst im Weltmeer auf Grund geriet, selbst da hörte der Herr das Rufen des vom Abgrund verschlungenen, bußfertigen Propheten. Und der Herr sprach zum Fische, und aus der schaurigen Kälte und Finsternis des Meeres tauchte der Wal an die warme, freundliche Sonne empor, an alle Köstlichkeit von Luft und Erde, und spie Jona aus ans Land, worauf das Wort des Herrn zum andernmal geschah; und Jona, übel zugerichtet, das Brausen der Wassermassen noch in den Ohrmuscheln, Jona tut, wie ihn der Herr geheißen. Und was war das,

Schiffsleute? Die Wahrheit zu verkünden denen, so mit Lüge umgehen. Das war es!

Dies, Fahrensleute, dies ist jene zweite Lehre, und wehe dem Lotsen des Herrn, der sie in den Wind schlägt. Weh dem, den die Verlockung dieser Welt seiner Aufgabe entfremdet! Weh dem, der Öl auf die Wogen zu gießen sucht, in denen der Sturmwind Gottes braust! Weh dem, der den Leuten zu Gefallen redet, statt ihnen heimzuleuchten. Weh dem, der seinen guten Ruf über das Gute stellt! Weh dem, der hienieden nicht Entehrung in Kauf nimmt! Weh dem, der sich auf Kosten der Wahrheit retten will! Ja, wehe dem, der – wie beim großen Lotsen Paulus zu lesen steht – den andern predigt, während er selbst verwerflich wird!«

Das Haupt sank ihm auf die Brust, und er stand eine Weile wie entrückt; als er dann wieder aufschaute, glomm ein unirdisches Frohlocken in seinen Augen, während er mit wahrer Begeisterung rief:

»Oh, mein Schiffsvolk, Wohl und Wehe liegen nahe beieinander; doch höher ragt der Wipfel des Wohlgefühls, als das Wehgefühl tief ist. Geht es denn nicht zum Flaggenknopf des Großtopps höher hinauf, als man zum Innenkiel hinabsteigt? Wohlgefühl, himmelhoch schwebendes, tiefinnerliches Wohlgefühl beseligt den, der den stolzen Göttern und Fürsten dieser Erde gegenüber unerbittlich sich selbst bewahrt. Wohl dem, der sich mit kräftigem Arm über Wasser hält, wenn das Schiff dieser gemeinen Scheinwelt unter ihm absackt. Wohl dem, der in der Sache der Wahrheit kein Erbarmen kennt und die Sünde mit Stumpf und Stiel ausrottet, schreite sie auch im Gewande von Richtern und Ratsherren einher. Wohl, über alle Toppen wohl dem, der kein Recht und keine Macht anerkennt als allein den Herrn, seinen Gott, und dessen Heimatliebe allein dem Himmel gilt. Wohl dem, den die Grundsee des Janhagels nicht aus dem sicheren Kielgang von Zeit und Ewigkeit zu werfen vermag. Und immerdar Freude und Frohlocken wird dem beschieden sein, der dereinst, wann die letzte Stunde naht, sein Leben mit den Worten aushauchen kann: O Vater – vornehmlich an deiner Zuchtrute erkennbar –, sterblich oder unsterblich, es geht mit mir zu Ende. Ich war beflissen, dir zu gehören, mehr als dieser Welt, mehr als mir selber. Sei's drum; ich begehre nicht, ewig zu leben; denn was ist der Mensch, daß er die Dauer seines Gottes erleben sollte?«

Ohne ein Wort weiter, erteilte der Geistliche mit gemessener Gebärde den Segen, barg das Gesicht in den Händen und verharrte kniend, bis alle sich wegbegeben hatten und er allein dort blieb.

Pinocchio entdeckt im Leib des Haifischs ... Wen nur?

Carlo Collodi in der Übersetzung von Heinz Riedt

Pinocchio verabschiedete sich also von seinem guten Freund Thunfisch und schritt taumelnd weiter in die Finsternis hinein. Tastend bewegte er sich im Körper des Haifischs und ging, einen Schritt vor den andern setzend, auf das kleine Lichtchen zu, das er in der Ferne schimmern sah.

Und beim Gehen merkte er, wie er mit den Füßen durch eine fette und glitschige Flüssigkeit patschte, die so stark nach gebratenem Fisch roch, daß er sich wie mitten in der Fastenzeit vorkam.

Je weiter er vorwärts schritt, desto deutlicher und bestimmter wurde der Lichtschein. Und nach langer, langer Zeit kam er endlich an. Und als er angekommen war ... was sah er da? Ihr dürft tausendmal raten: er sah ein gedecktes Tischchen mit einer brennenden Kerze darauf, die in einer grünen Flasche steckte, und am Tischchen saß ein alter Mann, der war so weiß wie Schnee oder wie Schlagsahne und kaute ein paar lebendige Fischchen; und die Fischchen waren so lebendig, daß sie ihm beim Essen sogar manchmal aus dem Mund heraussprangen.

Bei diesem Anblick wurde Pinocchio von so heftiger und unvermittelter Freude gepackt, daß er schier den Verstand verlor. Er wollte lachen, er wollte weinen, er wollte so viel sagen! Statt dessen stotterte er nur abgerissene und unzusammenhängende Worte. Schließlich konnte er doch einen Freudenschrei ausstoßen, breitete seine Arme aus, warf sich dem alten Mann an den Hals und rief:

»Ach, mein liebes Väterchen! Endlich habe ich Euch wiedergefunden! Jetzt will ich Euch nie, nie, nie wieder verlassen!«

»Also sehe ich doch recht?« sagte der alte Mann und rieb sich die Augen. »Also bist du wirklich mein lieber Pinocchio?«

»Ja, ja! Ich bin's! Wirklich ich! Und Ihr habt mir schon verziehen, nicht wahr? Ach, liebes Väterchen, Ihr seid ja so gut! ... Und ich dagegen ... Ach, wenn Ihr nur wüßtet, wieviel Unglück über mich gekommen und wieviel Schlechtes mir widerfahren ist! Stellt Euch vor, mein armes Väterchen: an dem Tage, an dem Ihr mir mit dem Erlös Eurer Joppe eine Fibel gekauft habt, damit ich zur Schule gehen konnte, bin ich durchgebrannt, um die Marionetten zu sehen; und der Puppenspieler hat mich aufs Feuer legen wollen, damit ich seinen Hammel fertigbraten sollte, und der hat mir dann fünf Goldmünzen gegeben, damit ich sie Euch bringen sollte, aber ich bin dem Fuchs und dem Kater begegnet, die mich in die Wirtschaft ›Zum roten Krebs‹ gebracht haben, wo sie wie die Wölfe gefressen haben, und ich bin allein in der Nacht wieder aufgebrochen und den Mordgesellen begegnet, die hinter mir hergelaufen sind und ich vorneweg und sie hinterher und ich immer vorneweg und sie hinterher und ich vorneweg, bis sie mich an einem Ast der Großen Eiche aufgehängt haben, wo mich das schöne Mädchen mit dem türkisblauen Haar in einem Wagen hat abholen lassen, und als mich die Ärzte untersucht hatten, da haben sie gleich gesagt: ›Wenn er nicht tot ist, dann will das heißen, daß er noch lebendig ist‹, und dann ist mir eine Lüge herausgerutscht, und meine Nase ist immer länger geworden und hat nicht mehr durch die Zimmertür durchgekonnt, und deshalb habe ich dann zusammen mit dem Fuchs und dem Kater die vier Goldmünzen vergraben, weil ich die eine in der Wirtschaft ausgegeben hatte, und der Papagei hat angefangen zu lachen, und statt der zweitausend Münzen habe ich überhaupt nichts mehr gefunden, und als der Richter gehört hat, daß ich beraubt worden war, hat er mich sofort ins Gefängnis stecken lassen, um die Diebe zufriedenzustellen, von wo aus ich beim Fortgehen in einem Weinberg eine schöne Traube gesehen habe und im Fangeisen steckengeblieben bin, und der Bauer hat allen Grund gehabt, mir zum Schutz seines Hühnerstalls das Hundehalsband umzulegen, bis er dann meine Unschuld festgestellt und mich wieder freigelassen hat, und die Schlange hat mit ihrem rauchenden Schwanz angefangen zu lachen, und so ist ihr eine Ader auf der Brust geplatzt, und so bin ich wieder nach Hause zum schönen Mädchen gegangen, das gestorben war, und der Täuberich hat gesehen, daß ich weine, und hat gesagt: ›Ich habe deinen Vater beim Zimmern eines kleinen Bootes gesehen, mit dem er dich suchen will‹, und ich habe ihm gesagt: ›Wenn ich nur auch Flügel hätte wie du!‹ Und er hat zu mir gesagt: ›Willst du zu deinem Vater?‹, und ich habe zu ihm gesagt: ›Schrecklich gern, wenn ich nur könnte!‹, und er hat zu mir gesagt: ›Ich bring dich hin‹, und ich habe gefragt: ›Wie?‹, und er hat gesagt: ›Steig auf meinen Rücken‹, und so sind wir die ganze Nacht geflogen, und dann haben mir am Morgen alle Fischer gesagt, die aufs Meer geschaut haben: ›Da ist ein armer Mann in einem kleinen Boot, der untergeht‹, und ich habe Euch gleich von weitem erkannt, weil es mir mein Herz gesagt hat, und ich habe Euch Zeichen gemacht, damit Ihr zum Strand zurückkommen sollt.«

»Auch ich habe dich erkannt«, sagte Geppetto, »und wäre auch gern zum Strand zurückgekehrt. Aber wie? Das Meer war stürmisch, und eine große Welle warf mein kleines Boot um. Da erspähte mich ein fürchterlicher Haifisch, der sich gerade in der Nähe befand, schoß auf mich zu, streckte seine Zunge heraus und verschluckte mich wie ein Appetithäppchen.«

»Und wie lange seid Ihr jetzt hier eingesperrt?« fragte Pinocchio.

»Von jenem Tag an; es werden jetzt zwei Jahre her sein. Zwei Jahre, mein lieber Pinocchio, die mir wie zwei Jahrhunderte vorgekommen sind.«

»Und wie habt Ihr Euch durchgeschlagen? Und wo habt Ihr die Kerze her? Und wer hat Euch die Streichhölzer dazu gegeben?«

»Ich will dir alles erzählen. Denk dir, derselbe Sturm, der mein kleines Boot umwarf, brachte auch ein Handelsschiff zum Kentern. Die Matrosen konnten sich alle retten, aber das Schiff ist untergegangen, und derselbe Haifisch, der an jenem Tag einen Riesenhunger hatte, hat auch das Schiff verschlungen.«

»Wie? Auf einmal hat er es verschluckt?« staunte Pinocchio.

»Ja, auf einmal. Und er hat nur den Mastbaum wieder ausgespuckt, weil er ihm wie eine Gräte zwischen den Zähnen hängengeblieben war. Zu meinem großen Glück hatte das Schiff Fleisch und auch Zwieback in Büchsen, also geröstetes Brot, Flaschenwein, Rosinen, Hartkäse, Kaffee, Zucker, Stearinkerzen und Streichholzschachteln geladen. Von diesen ganzen Herrlichkeiten habe ich zwei Jahre lang leben können. Aber jetzt ist die Vorratskammer leer, und die Kerze, die du hier brennen siehst, ist die letzte, die mir geblieben ist.«

»Und dann ...?«

»Und dann, mein Lieber, werden wir beide im Dunkeln bleiben.«

»Ja, mein liebes Väterchen«, meinte Pinocchio, »da ist eben keine Zeit mehr zu verlieren. Wir müssen unverzüglich ans Fliehen denken!«

»Ans Fliehen? Wie denn?«

»Wir müssen durchs Haifischmaul und uns dann ins Meer stürzen!«

»Du hast gut reden, mein lieber Pinocchio. Aber ich kann nicht schwimmen.«

»Das macht gar nichts! ... Ihr setzt Euch einfach auf meine Schultern. Ich bin ja ein guter Schwimmer und werde Euch schon heil ans Ufer bringen!«

»Das bildest du dir ein, mein lieber Junge«, erwiderte Geppetto, schüttelte den Kopf und lächelte bitter. »Glaubst du denn, daß ein Hampelmann wie du, der noch nicht einmal einen Meter groß ist, soviel Kraft hat, mich auf seinen Schultern zu tragen?«

»Versucht es nur, und Ihr werdet schon sehen! Auf jeden Fall, wenn wir schon einmal sterben müssen, dann ist es wenigstens ein Trost, gemeinsam zu sterben.«

Und ohne noch Worte zu verlieren, nahm Pinocchio die Kerze in die Hand, ging voraus, um zu leuchten, und forderte seinen Vater auf:

»Kommt nur nach und habt keine Angst!«

Und so gingen sie ein gutes Stück und schritten durch den ganzen Magen und durch den ganzen Körper des Haifischs. Doch als sie die Stelle erreicht hatten, wo die Kehle des Ungeheuers begann, hielten sie es doch für ratsam, stehenzubleiben, um sich umzuschauen und den günstigsten Augenblick zur Flucht abzupassen.

Nun muß man wissen, daß der Haifisch sehr alt war, an Asthma und Herznot litt und deshalb mit offenem Maul schlafen mußte. Und deshalb konnte Pinocchio, der unten an der Kehle stand und Ausschau hielt, durch das riesige offene Maul ein gutes Stück Sternenhimmel und herrlichen Mondenschein erkennen.

»Das ist der rechte Augenblick zur Flucht«, flüsterte er seinem Vater zu. »Der Haifisch schläft wie ein Siebenschläfer, und das Meer ist ruhig und taghell. Folgt mir nur, Väterchen! Bald werden wir gerettet sein!«

Gesagt, getan. Sie stiegen die Kehle des Meerungeheuers hoch, und als sie sich in dem riesigen Maul befanden, schritten sie auf Zehenspitzen über die Zunge: eine Zunge, so breit und lang wie ein Gartenweg. Und sie wollten gerade den großen Sprung wagen und sich ins Meer stürzen, als der Haifisch auf einmal niesen mußte. Und bei dem Niesen gab es einen so gewaltigen Rückstoß, daß Pinocchio und Geppetto wieder in den Magen des Ungeheuers zurückflogen.

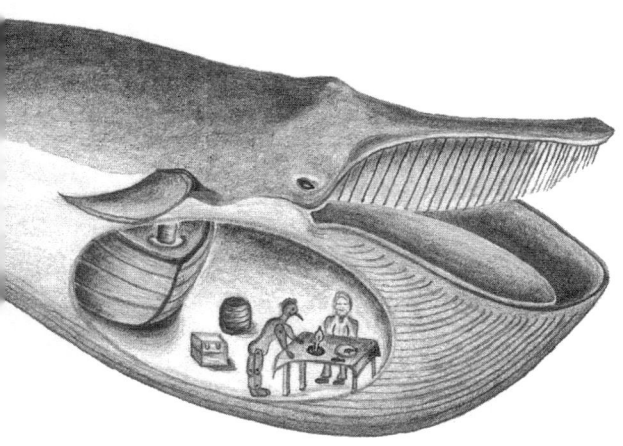

Durch den heftigen Aufprall verlöschte die Kerze, und Vater und Sohn blieben im Dunkeln.

»Und jetzt?« fragte Pinocchio und wurde ganz ernst dabei.

»Jetzt sind wir verloren, mein Junge!«

»Warum verloren? Reicht mir die Hand, Väterchen, und paßt auf, daß Ihr nicht ausrutscht!«

»Wohin willst du mich führen?«

»Wir müssen noch einmal die Flucht versuchen. Kommt nur mit und habt keine Angst!«

Pinocchio nahm seinen Vater an der Hand, und sie stiegen wieder auf Zehenspitzen die Kehle des Ungeheuers hinauf, gingen die ganze Zunge entlang und kletterten über die drei Reihen riesiger Zähne. Und bevor sie den großen Sprung wagten, sagte der Hampelmann zu seinem Vater:

»Setzt Euch huckepack auf meine Schultern und haltet Euch gut fest. Alles andere laßt nur meine Sache sein!«

Kaum hatte sich Geppetto gut auf den Schultern seines Sohnes zurechtgesetzt, als Pinocchio voller Selbstvertrauen ins Meer sprang und zu schwimmen begann. Das Meer war ruhig wie Öl, der Mond schien in seiner ganzen Helligkeit, und der Haifisch schlief seinen Schlaf weiter, der so tief und fest war, daß ihn kein Kanonendonner hätte wecken können.

Der Prophet Jona

Otto Erich Hartleben

1
Die Flucht vor dem Herren

Es geschah des Herren Wort zu Jona:
Mach dich auf und wandre in die große
Ninive und predige darinnen
von dem heiligen Zorne deines Gottes,
denn es ist vor mich heraufgekommen
ihre Bosheit, und ich will sie strafen.

Aber Jona traute nicht dem Zorne
seines Herrn und hörte nicht auf seine
Stimme, sondern floh hinab zum Meere.
Und da er ein Schiff fand, das bereit war,
auf die hohe See hinauszusteuern,
gab er Fährgeld und bestieg es eilends –
vor dem Herren auf das Meer zu flüchten!

Doch da sandte Zebaoth die Stürme
übers Meer, daß sich ein Ungewitter
hochgewaltig aufhob aus der Tiefe,
weiße Wellen rings das Schiff umstürzten –
also, daß sie glaubten, es zerbräche.

Furcht und Graun ergriff das ganze Schiffsvolk,
und es schrie ein jeglicher zu seinem
Gott. Sie warfen alle Lasten, Güter,
das Geräte selber, das im Schiff war,
über Bord. – Nur Jona war hinunter
in das Schiff gestiegen – lag und schlief.

Doch ihn weckte jetzt der Herr des Schiffes,
trat zu ihm und sprach: Was schläfst du? Stehe
auf und ruf auch du jetzt deinen Gott an:
ob vielleicht er unser denken möchte,
daß wir nicht verdürben. – Aber Jona
wußte kein Gebet – er beugte schweigend
seine Stirn und dachte seiner Sünde.

Laßt uns losen! riefen da die Schiffer.
Laßt uns losen, daß wir so erfahren,
wer von uns es sei, um dessentwillen
solches Übel unser Schiff betroffen,
wem das Unheil gilt, das uns vernichtet.

Und es fiel das Los und fiel auf Jona.

Scheu zur Seite wichen da die Leute,
und sie fragten: Sprich, warum geschieht uns
solches? Was ist dein Gewerbe? Woher
kommst du, und von welchem Volke stammst du?

Jona richtete sich auf und sprach:
Ein Ebräer bin ich und den Herren
Zebaoth, den Gott der Himmel, fürcht ich,
der das Meer gemacht und alles Trockne.

Seines Wortes heiliger Diener war ich
bis hierher. Er ist es, der uns heimsucht,
und ich bin es, der vor ihm gefrevelt,
denn es war an mich sein Ruf ergangen
und ich bin mit euch zu Schiff gestiegen –
vor dem Herren auf das Meer zu flüchten.

Nehmet mich und werft mich in die Wogen,
und das Meer wird vor euch stille werden,
und des Sturmes Kehle wird vertrocknen.

Doch die Leute scheuten sich und trieben
heiß in Müh und Angst das Schiff zu Lande,

immer wieder nach dem Hafen strebend,
stets vergeblich – unerbittlich tobte
wider sie mit Ungestüm das Meer.

Da erhuben sie die Hände alle
auf zu Gott und beteten und schrien:
Herr, Herr! Laß uns nicht vergehn ob dieses
Einen Schuld! – Und sie ergriffen Jona:
Herr, Herr! Rechne uns nicht zu unschuldig
Blut! – Und warfen ihn hinab ins Meer.

Sieh: da stand das Meer vor ihnen stille,
schlief und rastete von seinem Wüten.
Seiner Wasser Spiegel lag geglättet,
und vertrocknet war des Sturmes Kehle.

2
Das Gebet

Aber Gott verschaffte einen großen
Fisch, der schlang in seines Bauches Höhle
Jona ein. Und Jona war darinnen
während dreier Tage und dreier Nächte,
betete zu Gott und rief zu ihm:

Aus der Tiefe rief ich, Herr, zu dir,
und du Großer hörtest meine Stimme.
Deine Fluten hatten mich umgeben,
alle Wogen, alle Wellen gingen
über mich – daß ich gedachte: nimmer
würd ich deinen Tempel wieder schauen,
ewig wäre nun von deinen Augen
ich verstoßen. Alle deine Wasser
strömten mir ans Leben, mich umragte
schon die Tiefe, Schilf umfloß mein Haupt.
Nieder sank ich zu der Berge Gründen
und verriegelt hatte mich die Erde.
Aber du, mein Herr und Gott, du führtest

wieder mich empor aus dem Verderben,
denn du bist barmherzig, gut und gnädig.

Da die Seele schon bei mir verzagte,
dacht ich deiner, Herr, und mein Gebet drang
auf zu dir in deinen heiligen Tempel.
Jene, die vor deinem Grimm verzweifeln,
die sich knechten lassen von dem Leide –
sie, nur sie verwirken deine Gnade!

Und der Herr sprach zu dem Fisch im Meere.
Und der Fisch spie Jona aus ans Land.

3
Ninive

Und zum zweitenmal geschah des Herren
Wort zu Jona: Mach dich auf und wandre
in die große Ninive und predige
von dem heiligen Zorne deines Gottes,
denn es ist vor mich heraufgekommen
ihre Bosheit, und ich will sie strafen.

Jona hörte und gehorchte. Eilends
brach er auf zum Lande der Assyrer.
Und er kam nach Ninive, der großen,
die drei Tagereisen lang sich ausdehnt.
Stumm ging Jona eine Tagereise,
aber dann erhob er seine Stimme,
predigte und sprach: Noch vierzig Tage
wird die stolze Ninive sich brüsten –
doch nach vierzig Tagen wird der Herr sie
züchtigen zu ihrer Sünden Ernte
und zerreißen ihrer Mauern Kranz.

Da die Leute solche Predigt hörten,
zog die Furcht in ihre raschen Herzen,
und sie glaubten Gott. Alsbald erhub sich

Wehgeschrei und Klagen durch die Straßen.
Und die Kunde kam auch vor den König.
Der stand auf von seinem goldnen Throne,
legte seinen Purpur ab und hüllte
sich in einen Sack. Drauf ließ er ausschrein
als Befehl und aus Gewalt des Königs:

Daß vielleicht sich Gottes Zorn noch wende,
sollen alle, alle Wesen fasten,
groß und klein und Mensch wie Tier. Sie sollen
alle sich in härene Säcke hüllen
und sich niederwerfen in die Asche.
Darben soll was Odem haucht und niemand
soll sich selber Speis und Trank gewähren
noch ein Tier zur Tränk und Weide treiben.
Sondern jeder soll vom bösen Wege
ab sich kehren und von seiner Hände
Frevel! – Daß vielleicht wir Gnade fänden,
daß vielleicht sich Gottes Zorn noch wende!

Als nun Gott die Werke ihrer Reue
sah, erbarmte sich sein Herz des Volkes,
und das Übel, das er durch die Stimme
Jonas, seines Dieners, über jene
schon verhängte – tat er ihnen nicht an.

4
Die Kürbisranke

Da ergrimmte Jona tief im Herzen
und er betete zu Gott und grollte:

Sieh, das wars, was ich zu mir gesprochen,
da ich noch in meinem Land wohnte:
allzuoft empörte deine Güte
mein gerechtes Herz, da ich noch Kind war.
Darum hört ich nicht auf deine Stimme,
dachte, Herr, vor dir aufs Meer zu flüchten:

denn ich weiß, du bist barmherzig, gnädig
und von großer, allzulanger Güte,
und des Übels, das du schon verhängtest,
lässest du dich reun! – So nimm, o Herr, denn
meine Seele von mir! Meine Augen
 wollen diesem Volke deine Gnade
nimmer gönnen – lieber will ich sterben,
als vor seinen Sünden weiter leben!
Und er wandte sich und ging von dannen.

Morgenwärts der Stadt, auf einem Hügel,
hielt er Rast und baute eine Hütte –
setzte sich davor und sah hinunter:
Was der Stadt wohl widerfahren würde.

Doch der Herr verschaffte einen Kürbis,
der wuchs über Jona, daß er Schatten
gab ob seinem Haupt und vor der Sonne
glühendem Leid den Scheitel ihm bewahrte.
Jona freute sich der großen Blätter
und entschlief erschöpft in ihrem Schutze.

Als jedoch die Morgenröte anbrach,
hieß Gott einem Wurm, den Kürbis stechen,
also, daß er hinsank und verdorrte,
und ein dürrer Ost, vom Herrn gesendet,
riß die welken Blätter bald von hinnen.
Da die Sonne vollends nun emporstieg,
stach sie Jona auf das Haupt, so daß er
matt an Leib und Seele ward. Er wünschte
sich den Tod herbei und rief zum Herren:
Laß mich länger nicht im Unrecht leben!

Da geschah des Herren Wort zu Jona:
Meinst du – billig zürnst du um den Kürbis,
den du nicht gemacht hast, noch gezogen,
der in einer Nacht erwuchs und welkte?
Sieh, dich jammert seiner kurzen Blüte –
weil sie deinem Haupte Schutz erwiesen –

und mich sollte Ninives nicht jammern,
solcher großen Stadt, darinnen mehr denn
hunderttausend Menschen, die nicht wissen,
was sie gut und böse nennen sollen?

Aber Jona gab dem Herrn zur Antwort:

Du bist Gott, der Herr der Ewigkeiten,
der du Leben gibst und nimmst das Leben,
der du bleibst in Willkür deines Schaffens,
unberührt im Wandel aller Zeiten.
Aber ich bin nur ein Mensch der Erde,
der dahin geht wie das Grün der Fluren,
der dahin welkt wie die Kürbisranke –
und ich zürne billig bis zum Tode.

Vielleicht heiße ich Jonas

Léon Felipe in der Übersetzung
von Gustav Siebenmann

Ich bin niemand:
ein Mensch mit einem Schrei aus Werg in der Kehle
und einem Tropfen Teer auf der Netzhaut.
Ich bin niemand. Laß mich schlafen!
Doch manchmal höre ich einen Sturmwind, der mir
       zubrüllt:
»Steh auf, geh nach Ninive, der großen Stadt, und wettere
       gegen sie.«
Ich höre nicht hin, flieh über das Meer und leg mich in den
       dunkelsten Winkel des Schiffsrumpfs,
bis der hartnäckige Wind, der mich einholt,
mir erneut zuschreit:
»Was tust du da, Schlafmütze, steh auf.«
– Ich bin niemand:
ein Blinder, der nicht singen kann. Laßt mich schlafen!
Und jemand, dieser Wind, der einen Trichter sucht, sagt
       neben mir und stößt mich mit dem Fuß:
»Da ist er; ich mache einen Schalltrichter aus diesem
       hohlen und alten Blechkegel;
ich schütt mein Wort hinein und fülle ab mit neuem Wein
       den alten Schlauch der Welt. Steh auf!«

– Ich bin niemand. Laßt mich schlafen!
Aber eines Tages warf man mich in den Abgrund,
die bitteren Wasser umspülten mich bis in die Seele,
die Algen schlangen sich um meinen Kopf,
ich gelangte an die Wurzeln der Berge,
Die Erde stieß über mir die Riegel zu, für immer ...
(Für immer?)

Will sagen, daß ich in der Hölle war ...
Von dort bringe ich jetzt mein Wort.
Und ich singe nicht der Zerstörung:
ich stütze meine Leier auf den höchsten Grat dieses
            Symbols ...
Ich bin Jonas.

Jonas

Elias Canetti

Jonas zeigt zwei wichtige Züge des Propheten: die Angst vor diesem Amt, die ihn bis in den Magen eines Walfisches treibt; und den Zorn darauf, daß seine Prophezeiung nicht eintrifft. Dieser letztere Zug ist das Abstoßendste und Gefährlichste an den Propheten. Sie müssen das Schlimmste wollen, sobald sie es einmal vorausgesagt haben. Ihre Rechthaberei macht sie erbarmungslos. Die Drohungen Gottes nehmen sie ernster als dieser selbst. Ein Prophet hat es schwer: er wird nur in dem Augenblick für voll genommen, in dem seine Voraussage eintrifft; so kann er auf diesen Augenblick nicht verzichten. Gott, der ihm seinen Triumph entreißt, hat ihn getäuscht; und der Prophet, der von den furchtbarsten Dingen spricht, mag alles, nur nicht lächerlich sein. Das Gefühl der Menschen um ihn, daß er das Böse, mit dem er droht, auf seine Weise verkörpert und mit herbeiführen hilft, ist also nicht ganz unberechtigt; wenn sie ihn zu einer anderen Voraussage *zwingen* könnten, möchte manches anders kommen; immer wieder versuchen sie ihn unter diesen Zwang zu setzen.

Ein anderer auffälliger, aber ungewöhnlicher Zug am Buche Jona ist die Einbeziehung der Tiere: sie sollen mit den Menschen Buße tun, indem sie fasten wie diese und wie diese Säcke um sich hüllen. Gott aber erbarmt sich nicht nur der Menschen in Ninive, deren es mehr als 120 000 gibt, sondern auch der vielen Tiere.

Ein erschrockener Prophet flieht vor Gott

Mordechai Strigler

Längst schon zeigt sich mir das Ergebnis unserer Geschichte im Buch der Bücher vorgezeichnet. Alle Generationen spielen schon einmal gelebte Rollen, und jede Epoche wählt sich das Thema für ein biblisches Drama, welches sie darzustellen bereit ist.

Ewigkeit ist ein Abgrund, aus dem Jahrtausende schöpfen, ohne ihn im mindestens zu verringern. Deshalb blättere ich im Tenach wie im täglichen Leben. Hunderte von Fragen tauchen auf, und ich weiß nicht, an wen ich sie richte – an die alten Worte, oder an unsere Wirklichkeit?

Die Größe der Bibel ... Sänger haben sie besungen, Dichter sie beschrieben; wer weiß, ob mein Meditieren über die Aktualität der Urthemen nur mich so intensiv beschäftigt ... Ich finde die Größe des größten Buches gerade in der in seine Deutlichkeit miteinbezogenen Verborgenheit. Kein einziges anderes Werk der Weltliteratur scheint mir so in tausend Falten gehüllt und dabei doch so klar – geheim, so durchsichtig – maskiert. Der Tenach gibt seine Weisheit nicht preis, sondern enthüllt sich denen, die seine Worte durchdringen und von neuem entdecken. Er bietet Raum und Beschäftigung für jene, die bereit sind, seinen verborgenen Gesang zu hören und ihn aus seinen genialen Zauberkonstruktionen zu lösen.

Deshalb haben alle jene Unrecht, die im Tenach allerlei suchen, was dort nicht zu finden ist – Humor, Satire und Ironie in Gottes ernstem Buch. Sie übersehen dabei, daß man die Allseitigkeit des Tenach wie aus einem tiefen Brunnen schöpfen muß, denn er ist widerspenstig und nachgiebig, verhüllt und lockend, aufreizend und zurückgezogen. Es lohnt der bloße Versuch, zu suchen und zu sehen. Wir finden da eine Geschichte, wie ein Befreier geboren wird und groß wird.

Überall sonst wäre daraus eine große Erzählung geworden – dem Tenach genügen ein paar knappe Sätze. Um sein Geborenwerden bangte der böse Unterdrücker schon, so daß kein jüdischer Knabe am Leben bleiben darf. Wird einer geboren, wird er sofort ins Wasser geworfen. Das geschieht auch dem, der später zum Befreier wird. Gelang es dadurch dem Sklavenbeherrscher, seinem Schicksal zu entkommen? Nein. Sein Wunsch, zu entkommen, führt ihn nur dem Untergang zu. Das Wasser wird zur einzig möglichen Rettungschance für das jüdische Kind, und sein größter Feind, der Pharao, der es überall sucht, nimmt es zuletzt in sein Haus auf. Wieviel beißende Ironie steckt darin, in dieser Vor- und Weitsicht des Tyrannen, wieviel Tragik in diesen simplen Bibelzeilen, die jede homerische Schilderung Poeten und Geheimnissuchern überlassen.

Aber ich will nicht die guten Seiten des Tenach aufzählen, es sei denn als eine Entschuldigung für die vorliegende Arbeit, die versucht, ewige und aktuelle Problemlösungen gerade dort herauszufinden, wo sie anzutreffen fast überrascht. Seinem Schicksal, seinem Auftrag entfliehen zu wollen und sie eben dadurch, durch diese Flucht, zu erfüllen, ist kein seltenes Bibelthema, wenn es auch nur leise anklingt. Versuchen wir es nun, nach unseren besten Kräften, mit einem Bibelabschnitt.

2

Kann ein Prophet, ein echter Prophet, erschrocken sein? Kann er wahrhaft sein und doch in seiner Wahrhaftigkeit ein Ängstlicher bleiben? Kann eine von höchsten und reinsten Quellen inspirierte Seele auch noch Schwäche und Abhängigkeit kennen, Verzweiflung und Revolte gegen die Kraft, die sein Innerstes erleuchtet? Betrachten wir den Hirtenpropheten Amos. Als der Priester der Mondgottheit von Beth-El-Kaleb dem Volkspropheten den guten Rat gibt, nach Judäa zu fliehen, dort sein »Brot zu essen und dort zu prophezeien«, antwortet ihm Amos sogleich mit einer neuerlichen Prophezeiung. Ein Prophet flieht nicht vor seiner Botschaft. Aber Unerschrockenheit und Standhaftigkeit muß man nicht von einem Propheten lernen, das beweist uns der herrliche Nehemia, als er die Mauern Jerusalems erneuerte. Sanbalat, Tobia, Geschem der Araber und Schmajah Ben Daljah warnten immer wieder und sagten ihm voraus, wenn er seine Arbeit fortsetze: »Man wird dich erschlagen!« Und Nehemias Antwort ist: »Wird denn ein Mann wie ich entfliehen?« Und was das Fürchten betrifft, hörte der praktischkluge Nehemia nicht einmal auf die Worte solcher Menschen, die er als wirkliche Propheten ansah, er betete sogar: »Gedenke, mein Gott, auch der Prophetin Noadjah und der andern Propheten, die mich wollten abschrecken.« (Nehm. 6, 14.)

Das Charakteristikum einer großen Bibelgestalt ist Furchtlosigkeit und Überzeugung. Kann ein Prophet denn anders sein, kann er von seinem Weg abweichen, kann er dem entfliehen, was allein sein Herz erfüllt – und dabei trotzdem wahrhaft bleiben? Unglaublich, aber er kann. Er kann mit Gott reden, alle Tiefen des Abgrundwortes »Wahrheit« kennen und dennoch davonlaufen. Er kann in die Himmel einwachsen, wenn Minuten glühender Gnade sich seiner erbarmen und ihn ohne sein Dazutun erwählen. Er geht, aber von Gottes Stimme aufgewühlt, entflieht er, sobald die gleiche Stimme von ihm verlangt, ihre Größe auf allen Plätzen der Großstadt zu verkünden. Er kann auch erschrecken, wenn er sich seiner Erweckung Angesicht in Angesicht gegenübersieht, obwohl Gottes glühendes Zeichen noch auf seiner Stirn brennt.

Es hilft ihm nichts. Sobald er Größe empfangen hat, ist es unmöglich, ihr zu entfliehen. Wohin er auch laufen mag – die tragische Erlösung kommt ihm entgegen. Ist er aber einmal erschrocken, so wird ihn das bloße Davonlaufen mitten in seiner Wahrheit klein machen. Er ist ihr nicht entflohen, aber er hat es gewollt, er bleibt in ihr und wird fortwährend hinausgestoßen. Jedoch nicht verstoßen. All das macht ihn noch tragischer als alle andern vom Schicksal Geschlagenen, Vertriebenen und Elenden ohne prophetische Gabe.

Das ist die Warnung der schlichten Sätze des tragischen Buches: Jona.

3

Was ist überhaupt – ein Prophet? Wir sehen in ihm den vollkommensten Ausdruck menschlichen Geistes. Es genügt die Feststellung, einen Propheten vor uns zu haben, und wir können über seine Eigenschaften nicht mehr nachdenken. Prophetenworte wurden Ursprung erhabenen Rechtes und Mutes. Niemals war ein Prophet für uns ein Einzelner. Der Prophet ist unser aller, in alle Tiefen vorausschauendes großes Auge. Er revoltiert, wenn wir schweigen, mitsündigen. Er steht auf, wenn wir sinken. Er ist Herz, wir sind Fleisch. Er ist reines Licht, wir sind finstere Materie. Wer aus Fleisch und Blut kann sich mit ihm messen und dabei dem tiefen Zweck der Welt, den Menschen und dem Volk treu bleiben? Der Prophet wird entkörpert und entpersönlicht – so nähren wir unsere Vorstellung von ihm als dem Ursprung jener Reinheit, die uns der Wind der Welt mit dem Staub des Lebens bedeckt. Vielleicht erzählt der Tenach deshalb selten biographische Details der Propheten, es sei denn, daß sie Eifer und Pathos ihrer Rede beispielhaft illustrieren. Selbst dann geschieht es mit großer Zurückhaltung, nach dem alten Grundsatz: einen Zoll aufdecken und gleichzeitig zwei zudecken. Die meisten Propheten tauchen geheimnisvoll auf und verschwinden noch geheimnisvoller. Uns bleibt nur ihr Wort. Was wissen wir vom mutigen Propheten Nathan, der seinen mächtigen König (David) zu strafen kam und ihm die schwertscharfe Fabel vom Lamm des Armen, das der Reiche raubte, erzählte? Was berichtet der Tenach über Jesaias? Sein Buch beginnt sofort mit einer Vision, wie um uns zu zeigen, daß wir vor allem sein zürnendes Wort aufnehmen müssen, ohne die mindesten Einzelheiten über die Person und die Herkunft des Sehers und Sprechers zu erfahren. Er kommt, sagt, was er zu sagen hat, und verschwindet. Die Kraft seines Wortes ist so groß, daß alles darin ausgesprochen ist – er selbst fehlt uns gar nicht. Seine Person darf seine Vision nicht verstellen.

Eine Ausnahme wurde nur bei einem Propheten gemacht. Auch wenn wir nichts über seinen Tod erfahren, ist doch das ganze Buch seinen persönlichen Erlebnissen gewidmet und enthält fast keine prophetischen Worte. Diese persönliche Rolle kostet ihn die Größe der anderen Propheten. Die Geschichte seiner Flucht ist seine ewige Strafe.

Das – und noch mehr.

4

Der Prophet kann auch wankelmütig und ungerecht sein, der Prophet kann menschlich sein. Bei Jona wird das zu einer der tiefsten Tragödien des Tenach, obwohl sie in epischem Ton erzählt wird, gut ausgeht und kein Tropfen Blut vergossen wird. Keine Freude kommt auf über das Erbarmen, das eine Stadt wie Ninive vor Gottes Strafe rettet, wenn man dazu den Irrtum, die Trauer und die Verzweiflung des Propheten sieht. In dem ewigen Disput zwischen Mensch und Gott stellen wir uns unbewußt auf die Seite des Menschen, auch wenn wir uns das nicht eingestehen. Wir trauern über unser Fleisch und Blut, über einen, der sich zum Himmel erhob und doch ein Zweifler blieb, ein Flüchtender vor seiner Größe, umringt von einfachem menschlichem Elend, das auch uns nicht fremd ist.

Weder der gefesselte Jeremias in der Lehmgrube, noch der gefolterte Jesaias lassen sich im Leiden mit dem zu geistiger Stummheit verurteilten Jona vergleichen.

Seine Botschaft für Ninive war nicht die erste. Auf einem früheren Weg lernte er schon Gottes Mitleid kennen – als er zum sündigen König von Israel, Jerobeam ben Joasch ging, um ihm im Namen Gottes die Vergrößerung Israels zu verkünden. Obwohl der König nicht weniger schlecht war als sein Namensvetter im geteilten Israel, Jerobeam ben Nawat, wurde ihm geholfen. »Denn der HERR sah an dem elenden Jammer Israels, daß auch die Verschlossenen und Verlassenen dahin waren, und kein Helfer war in Israel. Und der HERR hatte nicht geredet, daß er wolle den Namen Israels austilgen unter dem Himmel, und half ihnen durch Jerobeam, den Sohn Joas.« (Kö. 2/14, 26.)

Wir wissen nicht, ob Jona ben Amitaj auch deshalb mit Gott rechnete, aber er konnte daraus lernen – liegen auf einer Waagschale die Sünden, und auf der andern die vollständige Vernichtung Israels – dann siegt das Erbarmen. Auch der Sündige kann helfen, und ihm kann geholfen werden. Ob das gleiche auch für eine große und sündige Stadt gilt, die nicht zu Israel gehört, konnte Jona bis zu seiner Botschaft für Ninive nicht wissen. Sein zweiter Auftrag enthielt keine guten Nachrichten, sondern sollte erschrecken und warnen. Er wird dort zürnen und zerschmettern müssen – wird er das können, wird sich das auch so schnell verwirklichen? Bei seinem zweiten Weg sagte er nicht so ergeben wie Moses: »Schick wen Du willst« – sondern hörte und war einverstanden. Seine Zweifel an sich und an seiner Botschaft begannen erst später, es ist deshalb nicht gut möglich, daß ihm der Sinn der ersten inzwischen klargeworden wäre. So wie Jesaias die Vision genügte, die er in Gottes Namen zu künden hatte, genügte für Jonas das Hören, um zu gehen und die sündige Stadt aufzurütteln:

> »Steh auf,
> wandre nach Ninive, der großen Stadt,
> und rufe über ihr aus –«

und das zweite Mal, nachdem der Fisch ihn ausgespien hatte:

> »Steh auf,
> wandre nach Ninive, der großen Stadt,
> und rufe den Ruf ihr zu,
> den ich zu dir rede.«

Gott war sich des Jona so sicher wie seiner selbst.

Er hatte Israels Feinde, die Stadt Assurs, zu strafen, die fern von Israels Grenzen Gottes Namen, seine Gesetze und Forderungen nicht kannte, weil sie sündig und deshalb dem Untergang bestimmt war.

Auch für die Juden Judas und Israels, in Gottes Wort erzogen, bedurfte es vieler Reden, um sie zur Umkehr zu bewegen – wieviel mehr die Götzendiener Ninives. So wie alle

Propheten, die unter Juden lebten und wirkten, war auch Jona sicherlich von feurigen Reden erfüllt, und sie hätten wie jene von Jesaia, Jecheskel und Jeremia für spätere Generationen bleiben können. Ohne großes und gerechtes Zürnen und Beten geht man nicht daran, eine Großstadt zu bekehren, dazu brauchte es große Sprachgewalt, Überzeugungskraft und Begeisterung, Spott über Sünder und Lob für Gutes ...

Wo sind die Reden des Jona geblieben? Warum liegen nur ein paar skelettierte Worte vor, die von seinem Schreien auf den Gassen der Stadt, »drei Tagemärsche groß«, berichten?

Waren sie nicht würdig genug, um ins ewige Buch eingeschrieben zu werden, obschon Gott sie ihm eingegeben hatte, wurden sie von den Zeilen der Jona-Tragödie verschlungen, wie er selbst vom Fisch?

Wir ahnen die Antwort: weil er ungerecht war.

Das Wort, ohne Widerstand gegen seine Schwäche, mußte deshalb auch seine Stärke verleugnen.

5

Wir könnten uns den Propheten vorstellen, wie er sein mächtiges Wort einer sündigen Welt ohne Furcht und Schwäche ins Gesicht sagt. Eine Rede aus Drohung und Trost, voll Visionen der Schönheit nach vollzogener Buße. Auch Ninive braucht Trost, Weisung und Mitleid. Aber der feurige Ausbruch wurde von heimlicher Angst überwältigt, und uns blieb nur die Erzählung von einem müden, schläfrigen Propheten, den fremde Matrosen auf stürmischer See bedrängen. Was für ein Prophet, der Hunderttausende mit seinem Wort erretten wollte, und ein kleines Schiff nicht vorm Sturm zu schützen vermag! Er kann nur Ratschläge geben, deren erstes Opfer er selbst ist. Alles, was danach über ihn erzählt wird, ist die Geschichte seiner Enttäuschungen und kleinen Hoffnungen. Selbst wenn er später durch Ninives Gassen eilt und seinen Ruf ergehen läßt – einen Tag lang wie ein wiedererwachter Prophet – blieb als Erinnerung an diesen Gang bloß ein kurzer, trockener Ruf, ohne Vision und Schwung:

»Noch vierzig Tage, und Ninive wird umgestürzt!«

Ein Prophet ohne Reden, deren Kraft Jahrtausende nicht zu brechen vermocht hätten – schreckliche Strafe für einen Propheten, der davonläuft, selbst wenn Gott ihn später wieder zurückführt. Sein Wort ist ausgebrannt, und seine Geschichte wird so dargestellt, daß man ihn bemitleidet. Ist das sein Lohn?

Von anderen Propheten liest man, wie sehr sie gequält und gepeinigt wuden, und hat trotzdem kein Mitleid. Man kann von ihrem Zorn mitgerissen werden, kann unter ihren Niederlagen leiden, doch man fühlt: das ist Prophetenschicksal und Prophetenmysterium. So muß es sein. Propheten würden wir gering schätzen, denen wir unsere schwachen menschlichen Gefühle schenkten. Jona aber schrie selbst – wenn auch zu Gott – und bat um Mitleid. Seine Wohnung blieb eine Laubhütte, und er hatte daran »eine große Freude«, und er fiel in Ohnmacht, als die Staude über seinem Kopf in der starken Sonne verdorrte.

Mit einem Blätterdach überm Scheitel führt man keine Reden mit Gott ...

6

Dennoch verstehen wir den Propheten und sein Erschrekken. Die Stadt Ninive mit tausend Lichtern. Unzählige Fenster locken, versprechen dem Vorbeigehenden alle Laster. In allen Gassen sind trunkene Paare unterwegs, die die Hände nach jedem Vergnügen ausstrecken. Und hier, mitten unter ihnen, barfuß mit Ledergurt, Mantelfell und wildem Haar, soll sich der Prophet beweisen. Hier soll er es wagen, mit lauter Stimme zu schreien, zu warnen: die Gefahr ist nahe! Tut Säcke an! Wälzt euch in Asche! Eßt nicht, schlaft nicht, liebt nicht, küßt nicht, sammelt kein Vermögen unterm Schwert ...! Vielleicht unterbrechen ein paar hundert Leute für eine Weile ihr Vergnügen, vielleicht öffnen sich Fenster und man hört ihm einen Moment lang zu. Vielleicht schauen Tausende von Augen gutmütig in den brennenden Prophetenblick – sie sind satt, erfüllt vom Wein und Liebe, und haben keine Lust, dem zerlumpten Ruhestörer böse zu sein, es zahlt sich gar nicht aus. Vielleicht machen sich ein paar über ihn lustig: ein Verrückter! Nicht ganz bei Trost! Was heißt das, verzichten auf das bißchen Lebensfreude und Zufriedenheit, die einem der Augenblick schenkt. Soll man vielleicht auch barfuß gehen? – Andere, denen ein Rest von Angst im Herzen zittert, betrachten ihn vielleicht als Störer ihrer Sicherheit, denn schon mit bloßem Geschrei weckt er die Gefahr, und sie werden böse: ein Unruhestifter! Ein Lebensfeind! Ein Menschenfeind!

Vielleicht hätte man ihn in Ketten gelegt, ihn gelyncht, herausgefordert von seinem seherischen Wort. Ein Prophet im Kreis von Prophetensöhnen, umringt von jungen Ohren, die nach Gottes Wort lechzen, hat gut reden, wenn Augen voll Erwartung ihn bitten: Erzähle! Rede! Sprich! Aber dort? Dort wird sein Wort verspottet und bestraft, und jedes seiner Worte, das Zeiten bewahren werden, wird man dazu benützen, ihm ins Gesicht zu spucken, und gerade jene, die anfangs ihn ein wenig lobten, werden zu Anführern der Gegner werden: Lügner! Fälscher! Verführer!

Wenn es einen Ausweg gibt, dann nur: Flucht. Nicht zu sehen und nicht zu hören, was in der großen, sündigen Stadt geschieht, nicht einmal zu hören, was das eigene Herz dazu sagt ...

»UND Jona stand auf,
nach Tarschisch zu flüchten, von SEINEM Antlitz fort.
Er stieg nach Jaffa hinab, fand ein Schiff, das nach
Tarschisch ging, gab den Fährlohn dafür
und bestiegs, mit ihnen nach Tarschisch zu gehen,
von SEINEM Antlitz fort.«

Entfliehen vor Gott, ist das einem Propheten möglich, weiß sogar er selbst nicht, wer Gott ist und wie weit seine Kraft reicht? Jona flieht nicht vor Gott, sondern vor Ninive. Er ist kein Mensch dieser Stadt, er sucht dort keine Erlebnisse. Nicht er sündigt, und nicht er straft. Er ist rein, er will nicht durch Ninives freche Gassen gehen und schreien, schreien, ohne aufzuhören ... Wer weiß denn, wann sein Wort aufgenommen wird ...

Entfliehen, vor Gott; ER sitzt doch im Herzen des Propheten, fährt denn ein Schiff von dort aus, entfliehen, vor dem eigenen Herzen? Jona will Gottes Sturm nicht, auch nicht das ständige Gehen und Wecken, Mahnen und Hinweisen auf die Gefahr. Er will einen stillen Winkel auf dem Schiff und meint, dort seine Ruhe haben zu können, auch wenn das Schiff mit dem Sturm kämpft. Ihm ist wohl, er liegt in einem Winkel und schläft. Es ist ein Schiff auf einem weiten Weg, er will nicht einmal Mitfahrer sein, er zahlt fürs ganze Schiff – nur still soll es sein. Nur Meer und Matrosen, besser wär's, man könnte ohne sie auskommen. Schluß mit allen Ninive-Sorgen und allem Seelenschmerz. Hier gibt es keinen Widerstreit zum übernommenen Auftrag, hier ist eine glatte See mit stillen Wellen, und das Schiff gleitet ruhig über ihre weichen Rücken. Wo könnte man besser schlafen, als auf dem leise wiegenden Meer? Er hat sich losgerissen, sich eine schwimmende Insel geschaffen, hier wird er ruhig schlafen können, und vielleicht dient er Gott besser durch seinen Traum als durch Schreien in der Stadt. Die große Welt geht ihn nichts an. Mag sie sündigen, mag sie dafür zugrunde gehen. Er hat nichts mit ihr zu tun. Er hat das Höchste erreicht: er ist Prophet. Er hat Gottes Stimme nah gehört, sie ist zu ihm gekommen, zu ihm. Was soll ihm das kleinliche Getue all der kleinen Menschen? Er haßt Ninive, er haßt den König mitsamt seinen Leuten. Nicht für sie ist er Prophet und göttlicher Bote geworden. Wer sagt, daß er vor Gott flieht? Er will nur näher zu IHM durch sein Stillsein – woher soll er auch wissen: Wer vor der Berührung mit dem sündigen Ninive flieht, der flieht gleichzeitig auch vor Gott? Und daß der Sturm ihm überall nachjagen und auch in seine stille Zuflucht eindringen wird – denn das Meer, das mächtige, still gewellte, erhob sich und beantwortete alle seine Pläne mit einem tobenden: Nein.

7

Jona sieht bald, daß seine Flucht ihn nicht entfernt von seiner Angst und seinem Trost, sondern nur näherbringt. Er flieht, weil er den Menschen von Ninive mißtraut, vielleicht mißtraut er auch seinen Brüdern in Israel. Wenn das Mißtrauen im Menschen überhand nimmt, kennt es keinen Halt und keine Grenzen.

Er entflieht mit einem Schiff, das nach Tarsis fährt, ins Goldland. Es war kein zufälliges Schiff, das gerade dorthin fuhr, nein, er wollte nach Tarsis. Fremde Matrosen führten es, vielleicht wollen sie tarsisches Gold suchen, Leute, denen Leben und Tod nichts bedeuten, unbekannte Menschen zwischen Himmel und Wasser, wo keine Strafe sie erreichen kann. Ihnen vertraut er sein Leben an, er, der kein Zutrauen hat zu den Menschen am Festland. Er zittert vor den Sündigen, denen er Gottes Wort zu bringen hat, und schläft ruhig unter zügellosen Menschen. Jona denkt nicht, nicht die geringste Andeutung steht in dem Absatz:

> »ER aber schleuderte einen großen Wind aufs Meer,
> und ein großer Sturm ward auf dem Meer,
> daß das Schiff zu zerbrechen meinte.
> Die Seeleute fürchteten sich, sie schrien, jedermann zu
> seinem Gott, und schleuderten ins Meer die Geräte, die
> im Schiff waren, sich darum zu erleichtern.
> Jona aber war ins hinterste Verdeck gestiegen, hatte sich
> gelegt und war eingeschlafen.«

Ein Sturm, unter abenteuerlichen Matrosen auf dem Weg ins Goldland. Jeder von ihnen hat seinen besonderen Gott und seine besondere Sprache. Ein zufälliger Haufe auf einem Schiff, nach einer fernen Küste unterwegs, und da bricht ein Sturm über sie herein. Sie beraten gemeinsam, sie schreien und beten und werfen das wichtigste Gerät ins Meer – nur einer denkt nicht. In einem Winkel liegt der einzige Passagier, der geheimnisvolle Fremde, und tut, als ob ihn das Schicksal aller gar nichts anginge. Er schläft.

Will er damit die Matrosen reizen, oder auch Gott? Was soll das heißen – er schläft, heißt das, er fürchtet keinen Sturm? Und er betet auch nicht. Es wäre natürlich, daß selbst besonnene Gemüter, derart gereizt, so einen Menschen zerreißen können. Noch dazu ist er ein Fremder. Und reich. Er hat gleich fürs ganze Schiff gezahlt, und wie es ihm eilte! Sind das keine verdächtigen Zeichen, ein anständiger Mensch hat's nicht so eilig, weiterzukommen!

Wieviel geistiges Gleichgewicht braucht es, um in solchen Augenblicken nicht über so einen Mann herzufallen und ihm für das Unglück die Schuld zu geben!

»Jene aber sprachen einer zum andern:
Wohlan, wir wollen Lose werfen,
daß wir erkennen, wessenthalb uns dieses Böse geworden ist.

Sie warfen Lose,
und das geworfene Los fiel auf Jona.«

Also bestätigte sich die böse Vorahnung gegenüber diesem seltsamen Menschen. Er ist schuldig. Worauf warten sie noch, warum ließen sie nicht gleich ihren Zorn an ihm aus?

»Sie sprachen zu ihm:
Vermelde uns doch,
du, dessenthalben dieses Böse uns ward,
welches ist dein Geschäft?
und woher kommst du?
und welches ist dein Land?
und von welchem Volk bist du?
Er sprach zu ihnen:
Ich bin ein Ebräer,
und IHN, den Gott des Himmels, fürchte ich,
der das Meer und das Trockne gemacht hat.«

Er ist ein Jude, sagt er, ein Jude, der vor Gott flieht – ist das allein nicht schon genug, in ihm den Sündenbock zu erkennen?

»Sie sprachen zu ihm:
Was sollen wir mit dir tun,
daß das Meer von uns ab sich stille?
denn das Meer stürmt immer heftiger noch!
Er sprach zu ihnen:

Ergreift mich und schleudert mich ins Meer,
daß das Meer von euch ab sich stille!
denn ich erkenne,
daß meinethalb dieser große Sturm wider euch ist.«

Sie fragen ihn noch, was sie tun sollen! Er selbst verlangt, man soll ihn ins Meer werfen, und will sie sogar von seiner Schuld überzeugen. Was gibt's da noch zu zweifeln? Und sie suchen noch immer einen Weg, sich mit ihm gemeinsam zu retten ... Wer von den sechsunddreißig Gerechten hat dieses Schiff geführt? Die Selbstbeherrschung dieser einfachen Menschen ist großartig. Sie versuchen, selbst nach dem Gespräch mit Jona, die Küste zu erreichen und vermochten es nicht, weil der Sturm sich noch verstärkte.

»Da riefen sie IHN an, sie sprachen:
Ach, DU,
laß uns nimmer doch schwinden um die Seele dieses
Mannes!
nimmer auch mögst du unsträfliches Blut über uns
geben!
denn selber, DU, tust DU, wies dir gefällt.«

War dies alles für den fliehenden Jona noch immer kein Beweis, daß der Mensch gar nicht so schlecht ist, wie er sich ihn vorgestellt hat – auch wenn der Mensch ein anderes Land und einen anderen Gott hat als er?

8

Es mag sein, daß auch die Flucht zu seiner Unterweisung und Botschaft gehörte. Jona sollte sehen und hören, wie einfache Menschenseelen reagieren. Er mußte die Angst des Menschen vor dem Blutvergießen kennenlernen, das Bangen, auch nur eine einzige Seele umzubringen. Alle Beweise lauteten: schuldig. Die Natur selbst lieferte auf Gottes Befehl den letzten Beweis für Jonas Schuld: nachdem man ihn ins Meer geworfen hatte, wurde es still und verlor »seinen Zorn«. Sogar dann können sie es noch immer nicht verwinden, einen lebendigen Menschen ins Meer geworfen zu haben:

»Die Männer fürchteten IHN, eine große Furcht,
sie schlachteten Schlachtmahl IHM und gelobten Gelübde.«

Hat Jona nicht daraus gelernt, daß der Mensch, inmitten der Sünde, nicht verlorengeht, wenn er gewillt ist, reine Hände zu bewahren? Hat ihm der Sturm nicht durch den Mund der Matrosen zugerufen: Geh nach Ninive! Dein Weg kann nicht umsonst sein!

Und wenn diese Matrosen ihm bewiesen, wie man um das Leben von »einem Leib« zittern muß, wie sollte er sich nicht mit all seinen Kräften gürten und versuchen, einhundertzwanzigtausend Leben vor dem Untergang zu retten? Was bedeutet dagegen sein persönliches Leid und sein Unwille. Vielleicht ist das der Grund, weshalb Jona beim zweiten Male sofort nach Ninive ging, vielleicht lernte er daraus, daß man mit Menschen noch reden kann, und daß das Wort noch nicht verloren ist. Wir wissen nur, was in der Schrift steht:

»Jonas stand auf und wanderte nach Ninive, SEINER Rede gemäß.«

Er brauchte nicht mehr als drei Tage, um die Stadt aufzurütteln. Er begann, und schon glaubten ihm die Menschen von Ninive. Selbst der König legte sich in Asche, die Stadtväter gaben auf seinen Ruf hin Befehle aus, riefen mit ganzer Kraft Gott an und hörten zu freveln auf.

Ein Mensch, ein aus den Eingeweiden eines Fisches Ausgespiener, geht in der Stadt herum und erschüttert sie. Mächtig erwachte das Gewissen, Kinder hüllten sich in Säcke, aus Furcht vor dem Wort des unbekannten Propheten. Ist ihm das nicht genug? Erkennt er darin nicht den Sturm und die Stimme der Matrosen wieder? Man darf einen Menschen nicht leichtfertig der Vernichtung preisgeben. Der Mensch, selbst in seiner Bosheit, ist viel heiliger, als selbst der Prophet sich vorstellen kann. Er hätte über einen solchen Erfolg vor Freude tanzen müssen, sein Leben lang von keiner Trauer mehr wissen dürfen. Wieviel Propheten war denn vergönnt, solches zu sehen! Weshalb also die Melancholie, die Trauer des Propheten?

Nichts daraus gelernt zu haben – das der Gipfel seiner Tragödie.

9

Die Tage des erschütterten Gewissens dauern nicht lange an. Die Propheten sind daran nicht wenig schuld. Manchmal verdrießt es sie sogar, daß die Menschen sich nicht mehr in Schmerz befinden. Propheten können wahrhaft und groß sein, sie können große Städte mit Visionen der Vernichtung aufrütteln, aber es wird ihnen bang – obwohl sie sich das nicht so offen eingestehn wie Jona – sobald die Angst vor der Katastrophe aufhört ...

»Das ärgert Jona, eines großen Ärgers,
es entflammt ihn ...«

Er erhob ein böses Gebet zu Gott darüber, daß Ninive nicht zerstört wurde. Gott gab ihm eine Botschaft der Warnung. Ein Prophet muß verkünden, was er sieht und wie die Zerstörung unerwartet eintreten kann. Ziel seiner Warnung aber ist nur, den Menschen zu bessern, ihn zu beschützen. Sündige haben sich gebessert. Jetzt kann der Prophet nur helfen, sie weiter zu bessern. Aber Vernichtungswille? Der Prophet Jona hat solche unbewußte Gelüste aufrichtig ausgesprochen:

»... nimm doch meine Seele von mir,
denn mehr recht ist's, daß ich sterbe, als daß ich lebe.«

Nach einem solchen Triumph seiner Prophetenworte ist der Tod ihm lieber, weshalb? Wie sollten seine Worte verewigt werden, wenn er selbst sie gering schätzt? Statt ihrer lesen wir die schreckliche Polemik zwischen Jona und Gott. Jona führte seine zweite Botschaft aus, nachdem er am eigenen Leib die Greuel des Sturms und des Meers erfahren hat, nachdem er aus dem Fisch geschrien hat. Selbst ein durch ein Wunder Geretteter hätte bei ihm die rettende Drohung gegenüber dem Erfolg und der Besserung überwiegen müssen. Wie konnte es also zu einer Polemik mit Gott kommen? Wie konnte er weiter nach vernichtender Strafe lechzen?

Gott schickt seine Botschaft zur Heilung des Unheils. Der Prophet war besorgt, die kleine Wahrheit seiner Prophezeiung, das Nebensächliche, bestätigt zu sehen. Er sah seine Prophezeiung an den Untergang gebunden, und übersah dabei die größere Wahrheit – daß Gottes Wort überallhin Heilung und Gutes bringen muß, auch nach Ninive. Die »Zwölfmalzehntausend« sind keine Versuchsobjekte, sondern Schicksale und geschützte Lebewesen. Jona wird böse, daß die Katastrophe nicht eingetroffen ist, weil er sein Prophetenwort nur darin sah. Aber Gott ist bereit, sein Vernichtungswort zu verleugnen, wenn die Lebenden in Ninive sich ihres Lebens auf reinere Art erfreuen. Der Prophet willl sein unvermindertes Prophetenwort – dem zuliebe sollen große Städte veröden und zehntausende Leben erbarmungslos ausgerottet werden. Ein auf Zerstörung aufgebautes prophetisches Programm bedeutet permanente Flucht vor Gott, selbst wenn man wieder zu ihm zurückkehrt.

Wenn Gott sagt:

»Hats dich rechtschaffen entflammt?«

und bedrängt ihn mit ein wenig Plage an seiner eigenen Haut, wartet Jona:

»bis er sähe, was in der Stadt geschehen würde.«

und Gott muß Sonne und Wind, einen Sturm und Trockenheit schicken, damit er aufhöre, auf das »Geschehen« zu warten, das nicht kommt.

Und was wird aus der anderen Seite der Prophezeiung? Hat er den geläuterten Menschen der Stadt nichts mehr zu sagen, sobald das Vernichtungswort gesprochen ist?

10

Jona ist das Denkmal jener Propheten, die auf den Buchstaben ihrer Prophezeiung bestehen und nicht merken, daß auch andere Seelen leben und nicht untergehen wollen, nur damit sich ihre Worte verwirklichen. Er lernt nicht daraus, was die Augen sehen und was Gott ihm in Stürmen vor Augen führt. Er lebt mit Gott und entfernt sich von ihm, dadurch verschließt er seinem Wort die Verewigung. Wie kann er später zu einem anderen Ninive kommen, wenn bekannt geworden ist, daß ihn mehr als die Bösartigkeit, das Überleben ärgert?

Selbst aus seiner eigenen Niederlage begreift er Gottes tiefes Geheimnis nicht; er lernt nicht, daß Vernichtung jedem genauso wehtut, wie ihm selbst. Er verzweifelt schon, wenn seine Hütte in der brennenden Sonne steht, wenn die Staude über seinem Kopf zerfressen wird und verdorrt. Was fühlt ein Mensch aus Ninive, von dem man gewaltsam verlangt, immer in Katastrophenangst zu leben! Und Jona:

>... wünschte seiner Seele zu sterben,
er sprach:
Mehr recht ist's, daß ich sterbe, als daß ich lebe.«
weil seine Laubhütte kein grünes Dach mehr hat. Gestern schrie er noch gegen jene, die noch ein Dach haben und leben wollten. Er wünscht sich den Tod! Und Gott schließt, Konsequenz und Verständnis fordernd:

>Dich also dauerts der Staude,
um die du dich nicht gemüht hast,
die du nicht hast großgezogen,
die als Kind einer Nacht ward
und als Kind einer Nacht schwand!
Mich aber sollte nicht dauern
Ninives, der großen Stadt,
darin es mehr als zwölf Myriaden von Menschen gibt,
die zwischen Rechts und Links nicht wissen zu unterscheiden,
und Getiers die Menge?«

Ließ Jona sich überzeugen, war er nachher Gott näher? Hat er verstanden, daß selbst dann, wenn er seine Laubhütte aufgerichtet hätte, wenn ihm ein großer Bau vernichtet würde, nichts ihn zu solcher Katastrophen-Verzweiflung berechtigte. Gott hat das letzte Wort. Überall, wo Vernichtung droht, muß Erbarmen vorauseilen und sie verhüten. Ist das für Jona ein Ärgernis? Mag sein. Doch das führt schon zum Verringern und Versagen seiner prophetischen Kraft und wird zu einem Teil der großen Prophetischen Lehre.

Ich begann mit aktuellen Anspielungen, mit dem Hinweis, daß mir diese Bibelgedanken beim Durchblättern auch unseres Heute gekommen sind. Verpflichtet es mich, die Beziehung zwischen beiden in diesen Zeilen zu erklären? Bemühte Leser werden selber weiterdenken ...

Und jener Prophet? Vielleicht ist er noch immer unter uns. Vielleicht geht er wieder auf ein Schiff, zahlt gut, um vor Gott zu flüchten. Vielleicht schläft er sogar in einem entlegenen Winkel über seinem Gewissen, und der Sturm hat ihn noch nicht wachgerüttelt. Und wenn er nicht da ist – jene braven Matrosen gibt es sicher irgendwo. Mögen sie kommen und ihn aus tausendjährigem Schlaf wecken mit ihrem Schrei:

»Wie kannst du schlafen!«

Einfache Matrosen haben dazu noch die Kraft ...

(Paris, Juni 1952)

Jonahs Gebet

Mihály Babits in der Übersetzung von Írisz Sipos

Mich haben die Worte bereits betrogen,
oder ich wurde wie das ziellose Wogen
des schwellenden Bachs, so uferlos,
und schleppe die eitlen Worte bloß
wie die irre Flut gerissene Zäune,
Grenzpfähle, Dämme, Bäume.
Ach, zöge der Meister den Graben,
um mein Strömen sicher zu tragen
bis hinunter zum Meer, ach, schnitzte
Er meinen Versen die Reimspitze,
und wäre auf diesem Bücherbord
die Prosodie sein Heiliges Wort,
daß ich, der wie Jonahs, sein träger Diener, mal
im Versteck, dann wie Jonahs im Wal,
unter lebhaften Qualen hinunterfuhr
ins taube, heiße Dunkel, nicht nur
für drei Tage, sondern drei finstere
Monde, Jahre, Jahrhunderte, finde,
bevor ich im Schlund eines blinderen,
ewigen Wales endgültig verschwinde,
die alte Stimme, und, meine Worte in grade
Schlachtreihen gestellt, was Er eingibt, sage
und was diese Kehle läßt, die schlechte,
und bis zum Abend nicht müde werde
oder bis Ninives und des Himmels Mächte
dulden, daß ich rede und nicht sterbe.

Jonas

Jean-Paul de Dadelsen

Anrufung von der Schwelle

Sie hausten mit uns im Schlunde des Wals.
Der Wal hat sie ans andere Ufer gespien:
Die Schüchternen.
Die Linkischen.
Ihn, der ein Albino war und stotterte.
Die Kurzsichtigen, die Argwöhnischen, die Schlauberger.
Und diesen langen Kerl, der immer Durst hatte,
immer Schlaf.

Schaun sie uns manchmal über die Schulter?
Seit sie fort sind, haben wir keinen gesehen.
Sind wir blind? Oder ist etwa
›Spiritismus die Religion der Neger‹, wie ein
hochwürdiger Pater in einer vorzüglichen Zeitschrift
                                        schreibt.
Und doch,
wenn sie uns manchmal über die Schulter blickten?
Oder haben sie das Gestade des Zwischenmeeres verlassen
und sind weit voran, schon seit langem,
im Innern der geistlichen Lande?
Der schwarze Zauberer versteht sich aufs Rufen, versteht's,
wenn sie davonmöchten, die Schatten, die Seelen zu halten,
                                        zurückzuholen.
Wer von uns versteht sich aufs Rufen,
aufs Zurückholen
des Schattens von John,
von Bernard,
von Maurice?

Zu Ehren Monseigneurs Sankt Maurice,
eines römischen Obersten, der die thebäische Legion befeh-
ligte,
Märtyrers, Fest am 22. September,
trägt der Abt Saint-Maurice-en-Valais, Bischof von Betle-
hem
ein Gedächtnisband aus scharlachrotem Moiré.

Doch Maurice,
der nicht mehr in die Synagoge ging, nicht mehr Blumen
malte,
nur noch eine Mauerwand malte, eine offene Tür, etwas
Licht aus dem Atelier durch eine Türspalte
oder Senkrechte, die Abschlußleisten des Fußbodens,
Maurice, der sich das Grün, das Blau versagte,
welcher unserer Toten wird Maurice führen können?
Wer von uns Lebenden kann Maurice ein Feuer zünden?
Was sollen wir von uns selbst verbrennen,
um das geistliche Feuer zu zünden, das Maurice
erwärmen, erlösen könnte?

[Bekanntlich ist überliefert, daß Selbstmörder
lange leiden, da sie, im geistlichen Eise gefangen,
alles sehn, ohne je handeln, warnen, helfen zu können.]

Schatten,
der du mir über die Schulter schaust,
was kann ich tun für dich?
Hier gibt's keinen Schatten, es gibt allein
das Leid und die Arbeit der lebenden Menschen,
die Länge der Zeit, den Widerstand nur des Stoffs.
Wer aber sagt uns,
ob nicht die Schatten in unsrer Mitte
sich gleichfalls abmühen
mit dieser Arbeit, die unerschöpflich ist?

Schatten, was vermag ich für dich?
Mit meinen beschränkten, meinen lebendigen Augen,
meinen stumpfen, lebendigen Händen,

72

mit diesem Leibe, der mir belassenen Zeit,
Schatten, soll ich denn anschauen
für dich
diese Gesichter, diese Landschaften?
soll ich denn anfassen
für dich
diese Blumen, dies Haar, diese Dinge?

soll ich versuchen
gemeinsam mit dir
etwas von dieser schweren Last anzuheben?

Was hast du mit deinem Bruder Maurice getan?

Ich war woanders. Ich hab nichts gemerkt.
Ich hörte nicht hin. Sah mich in einem Spiegel.
Nicht ich habe den Gashahn geöffnet.
Ich hab nichts für meinen Bruder Maurice getan.

Schatten, was kann ich dir anbieten?
Welches Brot?
Ich hab nicht gerodet, gepflügt, ich hab nicht gesät,
Ich habe nur Wege im Staube gezogen, und ich
durchfurchte zuweilen das Meer, das jede Durchfahrt ver-
gißt.
Welches Brot, außer Trennung und Finsternis?
Welches Wasser?
Ich bin nicht zum begehrten Wasser gewandert
Ich hab nichts zu trinken für dich.

Und Bernard,
der stets schlief in seiner ganzen Länge
platt auf dem Bauche, die Hände nach vorn wie der
Crawlschwimmer im tiefen Wasser des Schlafes,
was hast du für deinen Bruder Bernard getan?

Er hat mich nicht gerufen.
Wenn ich mich selber nicht hüten kann,
Wie sollte ich dann meines Bruders Hüter sein?

Wovon sollte ich Zeugnis ablegen,
außer von meiner ungerechten Bewährungsfrist?

Schatten, entsinnst du dich? Es gab eine Zeit,
da wir wie Frauen zur Zeit ihrer Niederkunft
mit gleichem Blick auf den Tod und das Leben schauten.

Es ist mir ganz gleich,
ob das Weltall die Form eines Eis hat
oder die eines Bumerangs. Unsere Heimat ist
dieses karge Gestade, auf das wir geworfen sind,
unsere eigene Reise ist
die Reise im Bauche des Wals.

Schatten, entsinnst du dich
An jenen Maisonntag?
Die Kirche in einem ärmlichen Lehmdorf.
Sechshundert Herdstellen. Wie viele Seelen?
Da standen wir
den Helm am Gurt angeschnallt,
mit der Maske, die Bernard als Speiseschrank diente,
den Kanister, gefüllt mit den Sakramenten der Intendantur.
Da standen wir
bekleidet mit Leder, Eisen und Filz,
bekleidet mit sterblicher Haut.
Wir lauschten den Kinderstimmen.

Wie der Hirsch schreit nach frischem Wasser ...
Mich dürstete nicht für meine Brüder. Und nach und nach
übermannen mich Altersgestrüpp, die Dornen des Mißtrau-
                                                        ens
und Einsamkeit, die nichts als Trägheit ist, verglichen mit
                                                      deiner
harten Winterszeit im geistigen Packeis.
Schatten, o sieh doch,
Gern hätte ich Durst gehabt für dich seit dem Ursprung der
                                                       Zeit.

Der Hirsch ist
töricht, der Hirsch kämpft für die

klebrigste Hindin, der Hirsch
verfitzt sein Geweih im Unterholz, aber der Hirsch
schreit nach frischem Wasser. O sieh,
ich speicherte nur die Zisterne der Schwermut,
den Brunnen Narzissens, der niemandes Durst löscht,
und diese Tränen,
die ich über mich selbst geweint habe.

Schatten, entsinnst du dich:
[der du vielleicht durch unseren schwachen Durst leiden
mußt]
an diese Kinderstimmen?
Nach der Verteilung des Brotes, von dem es heißt, es sei ge-
weiht,
an diese Kinderstimmen,
diese Worte unserer Finsternis, die Worte
unserer elenden, notwendigen Pflicht,
diese Stimmen,
die einen vielleicht geziemenden Namen zu geben suchten:

HERR
    Kriegsherr, Stammeshäuptling,
    Sohn des alten Totems,
    für unsre Aussaat geopferter König,
    Vater, der untersagt und bestraft.

HAGIOS O THEOS: SANCTUS DEUS
    Schöpfer der Schlange und der Tarantel,
    Erfinder der Schleimhäute und Schließmuskeln,
    Chemiker des Albumins und des Ammoniaks,

HAGIOS, ISCHYROS: SANCTUS, FORTIS
    Zauberkünstler und Taschenspieler,
    Kind, das Wasserstoffblasen macht,
    Eierstock einer einzigen Blutung, welche die Sternennebel
    gebar.

DEUS SABAOTH: HERR DER HEERSCHAREN
    Herr der geistlichen Kohorten,

Herr auch unserer Zerrüttung,
Herr auch unserer Nächte zum Tode, zum Leben.
»Raff' mich dahin«, schrien Stimmen in der Nacht,
Herr unserer ersten Rast
in der Freude, lebendig zu sein,
in der Scham, lebendig zu sein
an den vier Enden des schwarzen gespannten Tuchs
das Tuch des Requiems für so viele fehlende Leiber,
dies leere Tuch, das wir hielten: ein Soldat,
ein Sergeant, ein Hauptmann, ein General
hielten an den vier Enden
dies Tuch, das sich senkte unter der unsichtbaren Last

so vieler Leichname, die wir zurückließen.
Nachts in den rostenden Panzerwagen auf den
Höhen der Maas webt die Spinne, die Ameise
erbeutet in langer Fron, die kostbaren Stoffe,
die einstens im Bauch ihrer Jugend
lachende Frauen geduldig austrugen.
[Die Damen Ninives
und sonstiger fortgeschrittener Kreisstädte
wissen nicht, was die Liebe des Kriegers bedeutet
für den Leib seiner Brüder. Die Liebe Achills
für den geliebten Leib, welchen Hektor
in den Staub niedergestreckt, der Zorn Achills,
der im Staube die Arme schleift und die Locken,
die Schenkel Hektors, die den Frauen so teuren,
ist kein Begehren, das müßig ist, und auch kein
Rachegelüst des Serails, sondern eigennützige Liebe,
mit welcher der Bruder in diesem Leibe des Bruders
vorweg den eigenen Leib beweint,
den Leib ohne Nachkommenschaft, mit welchem
ungeborene Völker untergehn.]

Achill, was hast du mit deinem Bruder Hektor getan?
Auch der Feind, der grausame und beklagenswerte,
verlor sein Erbteil durch deine Schuld,
auch der Feind wurde zum Fraß hingeworfen
den Götzen, welche du nicht zerschlagen hast.

Der Bischof aus Guéret im Departement Creuze
sprach eindringlich und väterlich und sagte in Summa,
das werde uns lehren,
nicht die Messe zu schwänzen.
Und das leere Tuch
barg im voraus die Leichname
all' unserer künftigen Toten:
Bernard, John,
Richard,
Maurice.

Es war eine Militärmesse: An Stellen,
wo sonst der Chorknabe sein Glöckchen schwingt, eben da
dröhnten die wilden Trommeln,
plärrten die grimmigen Hörner.
Beginnt mit dem Tusch!

Schatten meines Bruders,
Asche meines Bruders, der Mensch war,
auch für dich wurde das Wort gesprochen,
das Wort, bei dem man ins Knie sinkt, bei dem
die prätorianischen Trommeln schlagen:

ET HOMO FACTUS EST
Und wurde zu
Asche, wurde zu
Asche, wurde zu
Schwere und Finsternis, wurde zur
Beute im Schlunde des Wals wurde zu
Zweifel, wurde Verzweiflung.

Herr der Heerscharen,
Herr der Soldaten,
Herr, der uns warf in den Schlund des Wales,
schenke uns heute
noch nicht Deinen Frieden, jedoch
unser tägliches Brot an Irrtum und Wirrnis.
an Verblendung und Unbill.
damit wir beim Kaun unseres täglichen Brotes aus Staub und
aus Wind

77

jeden Tag daran denken,
daß der Ewige keine Puppe ist, gebildet aus Menschenhand,
daß Er nicht ein Phantom ist, das unserem Rufe folgt,
daß er selbst gegen Kain keinen Sieg geschenkt hat,
daß Er nicht Gerechtigkeit ist auf Befehl,
nicht Liebe im Sinn unserer Kannibalensprache,
nicht Leben ist und nicht Gott,
nichts ist, was ein Menschenwort aussagt.

Herr, gib uns unsere tägliche Mühsal,
damit sie gewogen werden mit Staub und Asche unserer
Brüder.

Schatten,
den ich nicht sehe, der nicht zu mir spricht,
was vermag ich denn, außer
zu sagen, daß du Angst warst und Mut,
Liebe und Einsamkeit,
Mensch, den wir, so unzulänglich, geliebt haben.

1945–55.

[Fragmente]

1
[Segnung]

»Ich, sagte die junge Frau, liebe nicht Bettgeschichten«,
Da man ihr eine Novelle zeigte,
    die doch so kunstvoll gebaut war,
    und von der selbst ihr langer Schriftstellergatte [ein
                            Prachtkerl übrigens]
    zugab, darin steckten Sätze, die wahrlich ein besseres Los
                            verdienten
    [das heißt ein hochfliegenderes Sujet, wie etwa
    die offensichtliche Schwierigkeit, Mensch zu sein,
    den Verdruß, den man mit unhöflichen Leuten hat]
Und auch die Gräfin, die doch so ausnehmend fraulich war,
                            und die

»Johann Sebastian Bach im Herbst« »ungeheuer begabt«
fand.
Nun, sie schätzte rein gar nicht, wenn einer mit noch so ge-
wählten Worten
unterhalb des Nabels hinabstieg
[man kann sich zuweilen fragen, wie es eigentlich
geschmackvolle Leute anstellen, Nachwuchs zu haben]
[und ihr werdet noch sehn: dabei war dieses Pohööm
wirklich von hohem Niveau, das gilt nicht nur vom Gefühl,
sondern auch von der Ausdrucksweise,
denn mit unschuldiger Miene lasse ich eine Wendung
mitunter einfließen in diese Niederschrift, wie schon geschehen
auf Seite x – und ganz unter uns: war das nicht schön?]
Hochstehend. Hohes Niveau.
Ich aber glaubte gehört zu haben,
Gott sei nicht breit und nicht lang, nicht hoch und nicht
niedrig,
sei ebenso fern und zugegen in hohen wie niederen Orten.
Ich aber glaubte,
Gott gelte als Schöpfer der Welt
[freilich war ich stets minderbegabt für Theologie und den
kleinen Barthianern zufolge hätte ich selbst den stud.
theol. niemals geschafft]
aber schließlich
as quite explicitly stated in the Nicean creed [und wie es
Plattenfreunde selbst wissen, welche die ›missa Solemnis‹
des Vaters Ludwig besitzen].
Ich glaubte immer, die Christenheit glaube an Gott
›OMNIPOTENTEM‹ [dessen Macht unter den Nabel reicht
bis hinab in die weibliche Erde]
›FACTOREM COELI ET TERRAE‹,
›VISIBILIUM OMNIUM‹ – alles zur Schau Gestellten, Ge-
zeigten, Enthüllten,
und Gott weiß, daß man damit mitunter nur wenig Staat
machen kann! –
›ET INVISIBILIUM‹:
alles Verborgenen, sei's auch im innersten Herzen.

Ich glaubte, das sei ganz klar,
  wie die hochwürdigsten Konzilsväter es sagten,
  »*Orpheus is, after all*«,
  schreibt der große Musikkritiker,
  »*essentially a castrato part.*«

  Sind wir denn Magier oder Zaubermeister
  oder Feen?
Jean Baptiste Vianney, Pfarrer von Ars in der Bourgogne,
war freilich keusch, um mehr Kraft zu verleihen
der mächtigen Flamme, von der er brannte,
doch heißt das, er hätte nicht ebensogut
der Dorfstier sein können?
Jeanne d'Arc, die Jungfrau – war sie denn etwa unfruchtbar?
Wer sagt, ein Hämling sei keusch?
Ist er ein Mann? [*Siehe:* die Vorkehrungen bei den Konklaves]
Weiter unten aber im gleichen Texte
an jener Stelle, da man das Knie senkt,
  ›ET HOMO FACTUS EST‹.
  Wo ist da Orpheus? Und sind etwa vierzig Tage
  inmitten der Wüste selbst bei den Ärmsten
  der Beduinen ein Zeichen für Impotenz?
Wer spricht hier von Elend über oder unter dem Nabel?
O Überheblicher! Übernommen wird hier unser ganzes
                                                Menschsein
in all seinem unumgänglichen geistigen Elend,
O Dünkelhafte! Ihr wähnt, wenn ihr euch gönntet
ein wenig Elend unterhalb euerer Nabel
(*der Apotheker hat vorzügliche Erzeugnisse*)
so sei doch zumindest über dem Schmerbauch
im Höhenfluge der Rang einer schönen Seele zu wahren!
Elend von den Füßen bis in den Kopf
in geometrischer Reihe steigt es zum Kopfe,
  und ist jede Krankheit denn nicht
  das Stigma einer geistigen Störung?
  Meister, den ich nicht nenne
  o Milde, o orientalisches Unbekümmertsein,
  und als Mensch Denken in menschlichen Worten, o Weis-
                                                heit,

Unbekümmertsein über Einzelheiten der Epidermis,
– Israel, ›unbeschnitten im Herzen‹ –
nie ein Wort über das Elend Marthas oder Magdalenas.

›ET HOMO FACTUS EST‹
Sind wir nicht geistig gesehen
auf dem Grunde des tiefen Meeresgrabens
– blinde und flache Fische –
ebenso weit entfernt von der Oberfläche
als die großen antihimalayischen Abgründe der Philippi-
                                                                  nen?
und für den Schwimmer, der aufsteigt zur Oberfläche
die schreckliche Prüfung der Dekompression –
taucht er auf aus dem Meeresgrund,
die Füße bläulich und grün,
der Kopf sonnenhaft
eine unhaltbare Aureole aus schmelzender Materie.
Der Meister sieht Magdalena, er erkennt sie in allen Stücken
und verwirft sie nicht, verwirft nichts von ihr
VISIBILIUM ET INVISIBILIUM [im Innersten des unbeschnitte-
                                                          nen Herzens]
OMNIUM FACTOREM.
Es gibt viel zu sagen, in menschlichen Worten, von dieser
                                                Zeit, diesem Ort
›für und gegen‹ den Meister, doch jedenfalls war er kein
Mucker.

Die Höhe des geistigen Meeresspiegels, wer sagt,
es sei die Höhe des Nabels?
Engel oberhalb, Tier unterhalb?
Und wer sagt, unser geistiger Leib sei gesäuberter als der
Schweinestall Circes?

»Ich liebe meine Mutter«, sagt ein Mann von Geschmack.
Doch liebt er das Elend seiner Mutter?
Und wenn deine Mutter in ihrer Krankheit
nichts mehr in den Knochen hat als etwas
erweichten Kalk,
weil sie das kostbare Mineral ihrer Jugend

hingab für die Zähne deiner Gier
und die Schleimhäute deiner Lüsternheit,
sagst du dann, die Wärterin solle das Becken bringen?
Und wenn deine Mutter stirbt,
sagst du dann, eine Magd solle sie kleiden, wie es sich
schickt,
in ihr schönstes Sonntags- und Festgewand?

O du Anmaßender, der Elend sagt,
sieh die kleinen Schwestern der Armen
und Messire Vincent von Paul,
Sieh diese tiefe Liebe, die geradenwegs geht, ohne zu feil-
schen,
und den ganzen Menschen umfängt,
auch das Kind von 18 Jahren oder von 68, das Kind der Armen,
sie wäscht dem Idioten den Hintern,
sie säubert den alten übergeschnappten Trunkenbold
[den uralten Trunkenbold Hirsingens, ›das Schäflein‹,
wie er selbst sich zu nennen pflegte, ›Schefala‹]
Sieh diese Liebe, sie rechtet niemals mit Gott
und übt nicht Ästhetenkritik, die der Meinung ist,
in der Schöpfung gebe es neben Passagen von höchster Kraft
Schwächen, die sehr zu bedauern seien.
O ästhetische Sau, die Spinnen duldet und Schlangen
und manchmal ›Scheiße‹ sagt, um sich modern zu geben,
doch nicht leiden kann, wenn man die Haare am Hintern er-
wähnt!

Als Jonas' Mutter alt war und krank nach einem bescheide-
nen Leben,
›ärmlich und hochbetagt‹, sagte sie ihm
schüchtern und durch die Blume,
als spräche sie mit Tante Emma oder Base Elise,
durch die Blume gab seine Mutter ihm zu verstehen,
in jener Nacht, als sie ihn empfing, habe sie sehr viel Vergnügen gehabt,
was damals in unseren Landen immerhin nicht
allzu häufig geschah.

Als Jonas' Mutter alt war und gebrechlich, schon unterwegs
zum anderen
Ufer des Stroms, gab sie ihm zu verstehen,
sie habe bei seiner Erzeugung viel Freude gehabt.
Und Jonas segnete seine Mutter an diesem Tage,

Jonas segnete seine Mutter
in seinem Herzen und in seinen Hoden und Lungen und
Nieren,
Jonas segnete seine Mutter mit allem Ungestüm
jenes Leibs, den sie ihm mit Freuden gemacht.
Jonas in seinem Herzen hob die Augen und sagte zu seiner
Mutter:
Aus Liebe liebe ich dich, habe dich immer geliebt, lieb dich in großer
Freude
[und wenn ich mitunter
aus Liebe und mit der Wildheit der Liebe
dich überaus schön wollte, glänzend, gefeiert als große
Dame
und Diva,
als große Königin, Fee, unfehlbare, als Königin meines Kin-
derhimmels.
Wenn ich später zuweilen, Mutter, da du ängstlich warst und
zerfahren,
stumpf aus Erschöpfung nach so vielen Geschenken,
gegen dich aufbegehrte, enttäusch, aus heftiger Liebe,
sucht' ich in männlicher Liebe, Mutter, noch immer
blind und gleich einem Säugling deine unergründliche Wär-
me].
O Mutter, spricht Jonas
    [seinem Wale entronnen und auf das Ufer gespien,
    vom Wale Krieg – und, wohlgemerkt,
    Dr. Schmalz aus Wien wird sagen, es sei das ein
    klares Symbol, der Wal! Aber ja doch, Herr Doktor.
    Wir wissen doch auch, sind uns klar, was sprechen bedeu-
    tet]
O Mutter, ich liebe dich ganz, ohne etwas beiseite zu lassen
    [und jetzt noch, da ich gelernt habe,
    an vielen Orten zu leben, ohne Bedürfnis

nach deinen Idolen und Schätzen, den rührenden,
abgeschmackten]
segne ich dich für die langen Stunden deiner Niederkunft,
durch die du noch immer mit tiefer Freude mich liebst!
und Jonas schloß Frieden mit seiner Mutter in seinem Herzen

[O Eselskopf, o Ferkelgehirn,
das zu urteilen wähnte und zu verstehen! Es gibt
viel zu sagen über das
Weibchen der Menschenart, und vor allem,
daß es mehr taugt als die meisten Männer,
daß es echter ist, klangvoller, tiefer].

1954–55.

2
[Psalm]

Der Wal, sagt Jonas, ist der Krieg und seine Verdunklung.
Der Wal ist die Stadt, ihre tiefen Schächte und ihre Kasernen.
Der Wal ist die Landschaft und ihre Versandung im Boden,
ist der
Kramladen, die tote Hand, der ungewaschene Hintern,
das Geld.
Der Wal ist die Gesellschaft und ihre Tabus, ihre Eitelkeit
und Ignoranz.
Der Wal ist [in vielen Fällen, meine Brüder und Schwestern]
die Ehe.
Der Wal ist die Eigenliebe. Und manch andere Dinge, ich sag
sie Euch später,
Wenn Ihr etwas weniger stumpf seid [ab Seite x],
Der Wal ist das Leben in Fleisch und Blut.
Der Wal ist die Schöpfung, die letztlich müßig ist, doch un-
entbehrlich
für solch unverdiente, übrigens fast unbegreifliche Erfah-
rung.
Der Wal ist stets weiter, umfassender; glaubt mir: Man entrinnt
kaum, entrinnt nur mit Mühen dem Wal.

Der Wal ist notwendig.

Und glaubt nicht, Ihr könntet das alles auf einmal verstehen.
Denn schließlich,
Bestimmt ist der Krieg beschissen
Bestimmt die Gesellschaft
Bestimmt auch die Ehe,
      Doch hat man noch keine andere Schule gefunden,
So daß alles in allem
Bei genauer Betrachtung als Grund des Beschissenseins
Nur die Selbstliebe bleibt.
Denn das steht fest: Man blickt nach innen oder nach außen
[Wie ich, wenn sie den Mund öffnete – oder durch mich hin-
                    durch].
So ist es auch mit dem Krieg, der Gesellschaft, der Ehe ... Es
                    gibt
Solche, die sie als Sprungbrett benutzen,
Um weiter zu springen als ihr eigenes Ich ...

3
[Lobgesang des Jonas]

Wir sind über die Klagejahre hinaus;
Worüber sollten wir uns beklagen?
Es ist lange her, seit wir dem Mutterwale entwöhnt sind.
Wir waren im Schlunde des Wales Krieg
Und er hat uns wieder ans Ufer gespien.
Prahlhänse oder Quengler, wir sind über die Jahre hinaus.

Ich, spricht Jonas, ich setze einen Punkt ans Ende des Satzes,
Und Majuskeln am Anfang jedweder Zeile. Solches ge-
                    schieht nur,
Weil es hübscher fürs Auge ist, jeder Setzer wird euch das
                    sagen.
Das gilt freilich nicht für einen, der zuhört, wie ein anderer
                    vorliest,
Ihm ist es ganz gleich, ob es Majuskeln gibt.

Dennoch, o Herr, was ich von alldem sage, geschieht keines-
                                                        wegs,
Um meine Stimme zu heben gegen den Ewigen.
Eher noch gegen mich, und um meine Torheit wiederzukäu-
                                                          en,
Die mir im Munde, der zahnlos wird, so bitter schmeckt.
Gegen die Torheit in mir und gegen die Leere in mir,
welche mich gleichsam
zum Wal der Eitelkeit macht und zum Windei.

Doch da der Herr fern ist, setz' ich mich nieder und werde
                                                      betrübt.

Worüber sollte Jonas indessen Klage führen?
Ich bin lebendig, spricht Jonas, nicht sehr lebendig,
Da der Geist ja so selten, so kurz mich besucht,
Aber ich lebe und der Mund ist noch voll
Vom Meer und den scharfen Säften des Tiers,
Die Seekrankheit ist noch nicht ganz überwunden
Doch alles in allem läßt sich nichts sagen: Es geht
Und wenn es nicht gehen will, hilft man ihm nach.
Palmen, Zugvögel im grünen Himmel
Am Rande des Wassers, der Abend noch glühend,
Auf der Küste Brasiliens gestrandet, schau ich empor
Und danke dem Ewigen, der mich in der Höhlung seiner
                                                  Hand hält.

Nicht, daß ich mich eigentlich anklagte,
Noch suche ich mich zu rechtfertigen.
Was denn! Ich habe wenig gelogen, niemals getötet, auch
Fast nie in Gedanken; der Rest versteht sich,
Faulenzer, Tätschler, und zuweilen auch Quengler
Niemand in Summa von besonderem Interesse.
O metaphysische Verflüssigung, buddhistisches Ertränken
O Dispens vom Aufbau einer überflüssigen Person
O Ermattung und verborgener Wunsch, endlich sich wirk-
                                        lich zu verlieren
In der inneren Finsternis eines Wals, der definitiv ist.

Wachposten, sag uns das Ende der Nacht.

Gutes Geschäft, gute Qualität, gutes Geld,
Guter Gebrauch meines guten Rechts,
Gutes Aussehn, gutes Mädchen für alles, gutes Kind,
Gutes Leben, gut fürs Nichtstun,
Wenn es nicht gehen will, hilft man nach.

Ach die Zeitläufe sind interessant, habt nur acht,
Ach das Ich ist interessant
Doch wer in Halbheiten haust, wer darin lebt,
Wer weder sein Ich noch Gott genug liebt,
Wer ausgespien ist von der Finsternis des persönlichen Wals
auf ein leeres Gestade, wo er mit Gott nicht zu reden ver-
                                                    stand,
Solch einer, was soll er tun?

(Aus technischen Gründen konnte das Originaldruckbild
nicht vollständig wiedergegeben werden.)

Jona

Zbigniew Herbert in der Übersetzung von Karl Dedecius

Aber der Herr verschaffte einen großen Fisch,
Jona zu verschlingen.

Jona der sohn Amitthais
fliehend vor der gefährlichen mission
bestieg das schiff
das von Japho nach Tharsis fuhr

dann kam das wohlbekannte
großer wind sturm
die besatzung wirft Jona in die tiefen
die stürmische see erstarrt
der prophezeite fisch kommt angeschwommen
drei tage und drei nächte
betet Jona im bauch des fisches
der ihn schließlich aufs trockene
hinauswirft

der Jona von heute
fällt ins wasser wie ein stein
begegnet er einem wal
hat er kaum zeit zu seufzen

gerettet
benimmt er sich schlauer
als sein kollege aus der bibel

er meidet gefährliche missionen
läßt seinen bart wachsen
und handelt fern von der see
und fern von Ninive

unter falschem namen
mit vieh und antiquitäten

Leviathans agenten
sind käuflich
sie haben keinen sinn für schicksal
sie sind beamte des zufalls

im gemütlichen hospital
stirbt Jona an krebs
ohne selbst recht zu wissen
wer er eigentlich war

die parabel
erlischt
an seinen kopf gesetzt
und der balsam dieser geschichte
versagt an seinem körper

Jonas

Günter Eich

Ich bekam den Auftrag, ihn zu verschlingen. Das war in der Zeit, als man sich selber noch nicht unterscheiden konnte. Schon das Wort verschlingen mißfiel mir, es entspricht nicht meiner Art von Nahrungsaufnahme. Auch mag ich Eilbriefe nicht, sie regen mich auf. Und schließlich fehlte die Unterschrift. Ich konnte mir freilich denken, wer der Absender war. Und deshalb hatte ich leider das Gefühl, ich müßte der Sache nachgehen.

Nun ist es schwer, Jonas zu finden, wenn man Jonas nicht kennt. Eine Flunder flüsterte mir ins Ohr, es sei ein Prophet. Wiederum weiß ich nicht, was Propheten sind, und woran man sie erkennt. Ist Jonas ein Fisch? Fische mag ich nicht, nur gezwungenermaßen freitags. Man hat leicht reden und mir sagen, Jonas würde sich schon von selbst einstellen, ich brauchte gar nichts dazu zu tun, nur immer das Maul offen zu halten. Ich bin ein neurotischer Typ, habe Kinder zu versorgen und muß hin und wieder atmen. Ich nehme Eilbriefe ohne Unterschrift ernst, und nun bin ich unterwegs. Gerade bei den Hebriden hatte es mir und uns so gut gefallen.

Ach diese elenden Meere, diese warmen Strömungen, diese Äquatortaufen. Ich fraß mich durchs Sargassomeer, mußte Fische durchs Maul schleusen und offenbar hieß keiner Jonas. Ums Feuerland herum wurde es klimatisch wieder angenehmer. Aber mein Auftrag, der ging nicht weg, der kam nicht zustande, zu Rande, zu Ende, soviel ich schlürfte durch meine Korsettstangen. Die Antarktis ist brauchbar, Eisberge sind gut, aber fern von der Familie werden selbst Spielkameraden zum Exil.

Mein Auftrag Jonas, ja so begriff ichs allmählich: Keine Familie ist für mich vorgesehen und kein Exil. Nur Jonas, für nichts anderes sperre ich das Maul auf. Meine süßen Kinder,

die an den Hebriden spielen, ich habe euch vergebens geboren. Nur Jonas, nur Jonas. Ich bleibe ein unwürdiges Beispiel, ein Bote, ein Zufall, den man gerade braucht.

Aber ich finde Jonas nicht, er kommt nicht, ich suche weiter. Der Text ist mir nicht mehr genau im Gedächtnis. Hieß es
nicht etwa, daß Jonas mich verschlingen sollte?

Jonas zum Beispiel

Uwe Johnson

Jehova war der Herr, der das Meer und das Trockene gemacht hat, und die Juden waren sein Volk, er schloß einen Vertrag mit ihnen. Der ging über die menschlichen Kräfte, von Zeit zu Zeit geriet er in Vergessenheit. Dann erweckte Jehova einen Vorbedachten und Auserwählten in seinem Volke zum Propheten, der sollte dem König mit seinen Großen und ihren Untertanen sagen, wie der Herr es meine. Jesaja lebte im Unglück mit seinen Reden, Jeremia kam in die Kloake zu sitzen. Die Seele des Propheten ist empfindlich und wissend und zweiflerisch, um die Stimme des Herrn zu hören und das Unglück zu erfahren.

Als die Bosheit und Sünde der Stadt Ninive vor Jehova gekommen waren, geriet er in Zorn wegen seines Gesetzes. Er berief Jona (den Sohn Amitthais, von Gath-Hahepher) und beauftragte ihn mit dem Ausrufen seines großen Ärgers und mit der Verkündung des nahen Untergangs in den Straßen von Ninive.

Da wollte Jona nach Tharsis fliehen. Die gelehrte Forschung dieser Hinsicht meint, daß diese Stadt vielleicht in Südspanien vermutet werden könne, und hält eine unvergleichliche Entfernung für jedenfalls wahrscheinlich. Als das Schiff aus dem Hafen von Joppe gelaufen war, drückte Jehova einen gewaltigen Wind ins Meer, und es entstand ein gewaltiger Sturm auf dem Meere: so daß das Schiff zu scheitern drohte. Die Besatzung warf das Los über den Schuldigen, und das Los fiel auf Jona. Er soll ja geschlafen haben. Sie holten ihn an Deck und schmissen ihn über Bord, zumal er es selber für das Beste hielt. Und das Meer wurde still. Und Jehova entbot einen großen Fisch, der verschlang Jona, und Jona sang drei Tage und drei Nächte im Bauch des Fisches zu

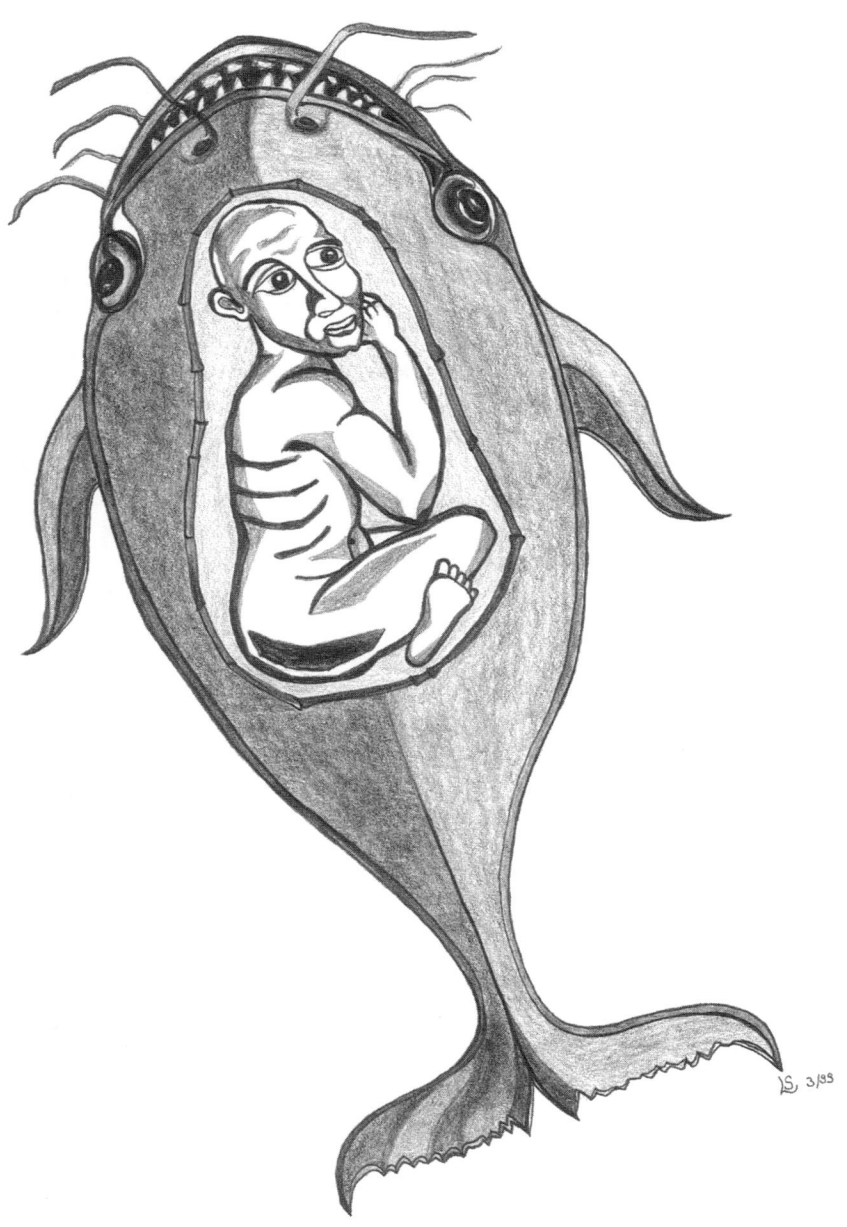

Jehova, seinem Herrn. So heißt es. Dann spie der Fisch ihn ans Land, und Jona ging nach Ninive.

Ninive war eine über alle Maßen große Stadt und nur in drei Tagesreisen zu durchqueren. Und Jona ging in die Stadt hinein eine Tagesreise weit; dann predigte er: Noch vierzig Tage, und Ninive ist zerstört!, und die Leute von Ninive erkannten Gott in seinem großen Ärger. Sie riefen ein schlimmes Fasten aus und kleideten sich in ihre Trauergewänder. Und der König von Ninive bedeckte sich mit dem Trauergewand und bestrich sich ein wenig mit Asche. Der König befahl: Menschen und Vieh sollen nichts genießen, sie sollen nicht weiden noch Wasser trinken. Sie sollen sich in Trauer hüllen: Menschen und Vieh, und mit Macht zu Gott rufen, und sollen ein jeder sich bekehren von seinem bösen Wandel und von dem Frevel, der an seinen Händen ist. Wer weiß, vielleicht gereut es Gott doch noch. Als Gott nun diese Dinge alle sah, die sie tun wollten, gereute ihn das angedrohte Unheil, und er tat es nicht.

Das verdroß Jona sehr, und er ging zornig weg. Er baute eine Hütte östlich der Stadt und saß darunter, bis er sehe, wie es der Stadt ergehen werde. Und zum dritten Male redete Jehova mit ihm: Ist es recht, daß du hier sitzest und lieber sterben möchtest als noch weiter leben? Aber Jona antwortete, das sei recht, denn warum habe er nach Tharsis fliehen wollen? Weil du nie tust, wie du gesagt hast und wie es gerecht ist nach deinem Gesetz! Und der Herr entbot einen Rizinus, dessen Saft als castor oil gehandelt wird anderswo in der Welt; der wuchs über Jona empor, um seinem Haupte Schatten zu geben und ihm so seinen Unmut zu nehmen. Über diesen Rizinus freute Jona sich sehr. Am folgenden Morgen entbot Jehova einen Wurm, der beschädigte den Rizinus, so daß er verdorrte. Und der Herr setzte Jona zu mit hartem Wind und großer Hitze. Da wünschte Jona sich den Tod. Der Herr aber sprach zu Jona: Ist es recht, daß du so zürnest um des Rizinus willen? Jona antwortete: Das Leben ist mir verleidet. Da sagte Jehvoa, sein Herr: Dich jammert des Rizinus, um den du keine Mühe hattest, der groß gewachsen ist und verdorben von einem Morgen zum anderen. Warum jammert dich nicht der großen Stadt Ninive, in der über hundertundzwanzigtausend Menschen sind, die zwischen links und rechts noch nicht unterscheiden können, dazu die Menge Vieh?

Und Jona blieb sitzen im Angesicht der sündigen Stadt Ninive und wartete auf ihren Untergang länger als vierzig mal vierzig Tage? Und Jona ging aus dem Leben in den Tod, der ihm lieber war? Und Jona stand auf und führte ein Leben in Ninive? Wer weiß.

etüde in f

Ernst Jandl

eile mit feile
eile mit feile
eile mit feile
durch den fald

durch die füste
durch die füste
durch die füste
bläst der find

falfischbauch
falfischbauch

eile mit feile
eile mit feile
auf den fellen
feiter meere

auf den fellen
feiter meere
eile mit feile
auf den fellen

falfischbauch
falfischbauch

eile mit feile
auf den fellen
feiter meere
feiter meere

falfischbauch
falfischbauch
fen ferd ich fiedersehn
falfischbauch
falfischbauch
fen ferd ich fiedersehn
fen ferd ich fiedersehn
falfischbauch
fen ferd ich fiedersehn
falfischbauch
falfischbauch

ach die heimat
ach die heimat
fen ferd ich fiedersehn
ist so feit

Worte des Jonas

Christoph Meckel

Es läßt sich leben im Wal, ich hab es erfahren.
Einst verfinsterte Meertage lebt ich im Wal, und ich sag euch:
es läßt sich leben im Wal. Nach ein paar Monden
vernahm ich das Donnern der Wasser nicht mehr, die drau-
    ßen
um Walhaut rollten, und der Gestank
ward Duft den Nüstern, die mir im Walbauch wuchsen.

Jonah

Günter Kunert

Nach Erkenntnis von Ninives nahem Ende
nach Verkehrsunfall und Entführung im U-Boot
durch Agenten anonymer Macht
schließlich doch noch vorm ehernen Doppeltor

entschlossen trotz massenhaft Schuldiger
die Stadt der Unschuldigen wegen zu retten

abgewiesen von der örtlichen Verwaltung
da er seine Stimme erheben will

Schweigen wird verhängt

überzeugt
in Sachen Ninive bestens Bescheid zu wissen
vollstrecken die Beherrscher das Urteil
an ihrer Ortschaft

taub und blind für das Gesetz
demzufolge untergeht wer alle Warnung
in den Wind
des eigenen Besserwissens schlägt.

Auf das Ertrinken warten

Johannes Schenk

Jona sieht aus der Luke ein Quadrat des Himmels Blau
und schwarze Wölkchen über sich böse und schnell.
Öffnet er das Schapp der Kajüte
kommt salzig der Atlantik in seine Hütte, die schwimmt.
Unter ihm vier Kilometer tief das Wasser, betrunken und
    wild.
Schüttelt ihn durcheinander.
Seinen Kopf. Seine Füße.
In fünfzehnmeterhohen Wellen und Tälern
Vom Himmel zu den abgesoffenen Dampfern.
Wozwischen Kraken schwimmen, mit Bäuchen voll Tinte.
Jona begießt die Brecher hundert Brecher mit Öl. Dem
dünnen Strahl Maschinenöl aus der Kanne.
Aber die Wellen schütten das Öl zurück.
Unter seine Zehen seine geschundenen Füße.
So
daß er hinfällt. Eine See wäscht grün
gleichgültig über seinen nassen Rücken hin.

Das Boot der Sarg quer zwischen Salzwellen
Tang. Blauem Himmel. Und der Sonne wie Schnee.
Jona klammert sich an den Mast.
Hofft daß der Sturm aufhört.
Einschläft.
Mach einen Mittagsschlaf. Ein Mittagsschläfchen.
Ich will in die Südsee. Ja.
Ich will flüchten.
Ich habe die Nase voll.
In meiner Nase steckt ein dicker Popel,
ich krieg ihn nicht raus.

Laß mich schreit Jona du liebes Meer.
Du grausiges Meer.
Ich will noch einmal Wein trinken.
Die Beine unterm Cafétisch
und Brot ins Glas getunkt.
Oben auf dem Felsen vorm Schatten des Bistro
den Frauen nachgucken.
Das Meer wäscht über ihn weg.
Weiß. Das Meer das weiße Totenhemd.
Besetzt mit salzigen Perlen.
Jona klettert in die Kajüte zurück.

Schlägt das Schapp zu und sieht drinnen
Wasser durch die Planken kriechen.
Schöpft Schreit Weiß nicht aus Weiß nicht ein.
Hat keine Asche ins Haar zu streuen.
Keine Schuhe über die Wogen zu gehen.
Dabei zu winken.
Er will einen Nachmittagsspaziergang
am Rande des Meers. Da
wo von Menschen behauen die verwaschenen Steine
das Meer abhalten. Ihn trocken vorbeischlendern lassen.
Die Leute grüßen die er kennt die Mütze ziehen.
Vom Wind träumen in der Ferne
der Inseln Palmen Hütten Frauen umweht
und zwischen ihren Beinen das Schönste.

Jona schreit.
Laß mich raus.
Diese Umarmung vom Meer halt ich nicht aus.
Verstehen Sie, Herr Meer?
Ich will nicht. Mein Schiff ist schwach.
Die gezimmerten Holzrippen.
Die schlecht vernieteten Planken durch die Wasser gießt.
Jede Minute die hohen Wogen über die Reling. Die zerbricht.
Er betet. Er glaubt nicht und betet.
Da das Stück Brot und da das Glas Rotwein.
Nebenan am Tisch Gespräche.
Die feine Hand der Frau im Haar des Mannes.

Unbesorgt geht in Jonas Kopf ein Mensch über die Straße
in ein Lädchen. Kauft sich was.
Aufs Trottoir krümelt die Sonne am Abend ihre roten Schatten
und fächert der Wind mit den Blättern
vor der Jalousie von Donna Rosa
und Don Juan, der sie mit freudigem Pimmel besucht.

Meer, schreit Jona, ich kenne dich
von den Höhen der Dampfer hinunter hab ich schon oft
Hingeguckt Reingespuckt. Weiß auch die schlechten Zeiten
Den Orkanoktober.
Die Stürme zwischen Hochdruck über den Azoren
und Tiefdruck über den Städten Spaniens. Wo
die Guarda Civil mit weißem Tuch aus der Tasche sich
schneuzt
und aus der anderen Tasche die Pistole.
Im Dunkeln.
Im geheimen Stadtwäldchen.
Zwischen den Stämmen der Bäume die strammstehen.

Das Meer knallt.
Angst geht durch mein Ohr, aber
nicht durchs zweite hinaus. Bleibt in mir stecken.
Jona schöpft mit Eimern das unheilige Wasser
von unten kommt es von oben gestürzt.
Wenn er die Luke öffnet um es zurück ins Meer zu schütten.
Schüttet das Meer es wieder hinein.

Das Schlauchboot an dem er sich festhalten wird,
wenn das Boot kentert, wirft fünfhundert kleine Bläschen.
Er muß es aufpusten.
Alle zehn Minuten pustet Jona seine Rettung auf. Sein Leben.
Luftballons
sind dicker als dies dünne Stück Haut, zusammengesunken
auf dem Kajütendach, das Jona nicht trägt.

Im Kopf der Stummfilm.

Im Kopf von den Augen bis zu den Ohren. Seine Beine
unterm Tisch der Weinbar und freundlich
der angezogene Fisch in weißem Livreé mit Binder
bringt Tinto. Kommt über das Meer
durch die Nacht. Obendrüber der verabredete Stern.
Überm Quadrat der Luke durch die Jona
Naß übergossen blickt.
Da sieht er stumm die Gummimäntel
schwarz zwölf Meter hohe Gummimäntel
stehen Schlange,
Meile um Meile
sich über sein Schiffchen Träume Hoffnung und
Gelerntes zu stürzen.

Er ist sechs Jahre auf den Frachtern gewesen.
Hat Bootsmänner erlebt, die Schreier
morgens an Deck vor der Arbeit.
Den kalten Kaffee.
Die grimmigen Kapitäne.
Die Steuerleute mit Goldstreifen. Gedunsenem Gesicht.
Die Sturmwarnungen. Die Wirbelstürme
mit blauen Löchern drin. Die verschwundenen Vögel.
Die Einsamkeit kannte er nicht.
Fuhr auf den Schiffen mit vielen Matrosen.
In der Koje schaukelte er seinen Traum
durch die Freiwachen. Hoch über den Wellen lernte er
Navigation
Logarithmen Chronometer Sextanten gebrauchen.

Im dunklen Loch der Nacht schläft Jona ein.
Tee fließt über sein Hosenbein.
Im Radio die dumpfen Stimmen,
die ansagen den dumpfen Schlaf der Leute,
die er verlassen hat.
Ihre irren Gesetze und Götzen.
Am zweiten Tag wacht Jona auf,
inmitten silberner Elefantenbuckel.
Bißchen Wind.
Hinterm Segel, dem zierlichen Unterrock.

Er wirft die Angel aus. Steuert nach Süden.
Hofft
nach zwei Tagen auf das Ertrinken warten
auf ein kleines Fischchen. Das nicht kommt.
Hat sich nach unten verkrochen.
Reibt seine Schuppen an der Nautilus.
Er holt sich unterm Fußboden eine Dose Thunfisch.
Sucht zwei Stunden im Tohuwabohu aus Seekarten Leinen
Büchern Tassen Dosen Gewürzen Kleidern
nach einem winzigen Büchsenöffner.
Bei offenem Schapp durch das Wind kommt sehr blau
und die Orange aus dem Zenit, die das Holz warm macht.
Die Nässe des Sturms macht sich in Wölkchen davon.

Der Fisch
oder Die seltsame Geschichte meiner Geburt

Simone Frieling

Es war Mittag und heiß, als meine Mutter sich am Kai einen
Weg durch die Menschenmenge bahnte, um nach einem
Schiff Ausschau zu halten. Manchmal blieb sie kurz stehen:
sie mußte Luft holen oder einer Familie ausweichen, deren
Mitglieder sich aus Verzweiflung über die endgültigen Tren-
nung ein letztes Mal aneinanderklammerten.

Jeder, der es geschafft hatte, das Geld für die Überfahrt
aufzubringen, wurde von seinen Angehörigen zum Schiff
begleitet. Die meisten waren junge Väter, die nicht wußten,
wem sie sich zuerst zuwenden sollten: ihren Frauen und
Kindern oder ihren Müttern. Während ihre Ehefrauen sich
weinend an sie drängten und ihre halbnackten Kinder leise
wimmernd an dem Gepäck hingen, rissen ihre Mütter an ihren Kleidern und küßten und umarmten sie ständig. Großel-
tern, Tanten und Onkel redeten ununterbrochen auf sie ein,
so daß die Männer, verwirrt und benommen, völlig ver-
stummten.

Meine Mutter ging allein. Das hatte sie sich ausbedungen,
als das Los auf sie gefallen war und ihre Schwester das Fahrgeld in den Saum ihres Unterrocks genäht hatte.

Die Flüchtlinge schleppten Koffer voll Kleider mit sich,
Kisten mit Hausrat zum Tauschen und Körbe voll Lebens-
mittel. Meine Mutter hatte nichts bei sich, sie schleppte nur
ihren mächtigen Leib durch die Menge, in dem sie mich trug.
Ihre Schwester hatte sie in drei Kleider gehüllt, die ihren
Körper noch unförmiger erscheinen ließen und ihr das Gehen noch schwerer machten. Aber die Röcke und Blusen
würden ihr einziger Schutz gegen die nächtliche Kälte an
Deck sein.

105

Die Schiffe, an denen sie vorüberging, waren überfüllt und eines in schlechterem Zustand als das nächste. Schüchtern hob sie bei jedem den Kopf, denn sie fürchtete sich vor den Blicken der Männer. Aber niemand kümmerte sich um sie, alle waren mit sich selbst beschäftigt. Sie spähte, ob sie einen Platz fände. Doch es schien aussichtslos, die Menschen hingen wie Insekten an den Bootswänden, zwei Männer hatten sich sogar auf das Dach eines Führerhäuschens gestellt und hielten sich dort an dem halb abgebrochenen Flaggmast fest.

Auf dem letzten Schiff, das aussah, als sei es ein aus Kisten zusammengenagelter Sarg, gab man ihr gegen doppeltes Fahrgeld einen Platz. Der Kapitän führte sie in die Mitte des Decks und flüsterte ihr zu, daß er ihr später eine Kammer im Bauch des Schiffes verschaffen werde, wenn alle Stückgüter geladen seien.

Nachdem sie eine Weile bewegungslos inmitten der Fässer und Säcke gestanden und sich an den unerträglichen Geruch von verdorbenen Lebensmitteln und Tran gewöhnt hatte, bemerkte sie den Mann, der dicht neben ihr zusammengekauert auf einer Kiste saß. Er war nicht jung und nicht alt, war weder gut noch schlecht gekleidet und hatte, wie sie, kein Gepäck. Er rang die Hände und murmelte vor sich hin, manchmal lauter, manchmal leiser. Meine Mutter trat näher an ihn heran, um seine Worte verstehen zu können. Aber er sprach sehr schnell. Nur das Wort »Untergang« betonte er deutlich, und sie hörte es immer wieder aus seinem Gemurmel heraus. Da dachte sie an ihre halbverhungerte Familie, die sie hatte zurücklassen müssen, und weinte.

Als sie später dem Mann ins Gesicht sah, um zu prüfen, ob er ein Landsmann sei, verstummte er und schaute zu Boden, wie wenn er sich fürchtete, entdeckt zu werden.

Meiner Mutter wurde das Stehen bald unerträglich, sie hätte sich gern irgendwo angelehnt oder auf eine der Kisten niedergelassen. Aber es gab keinen freien Platz, nicht einen Schlupfwinkel, der nicht schon von einem anderen Passagier eingenommen worden war. Den Mann neben sich wagte sie nicht anzusprechen, sie hielt ihn für verrückt. So blieb ihr nur, mit gesenktem Kopf in praller Sonne zu stehen und auf ihren Bauch zu schauen.

Gegen vier legte das Schiff ab und fuhr schnaubend und zitternd auf die offene See hinaus. Bald waren die Konturen der Küste verschwunden, und nur das Grün des Meeres und das Blau des Himmels breiteten sich rings um sie aus.

Wenn meine Mutter den Kopf hob und in die Ferne schaute, machte sie das silbrig-glitzernde Wasser für Momente blind. Sie schloß die Augen und verfiel stehend in Halbschlaf. Doch das helle Licht drang wie ein glühender Nagel immer wieder durch ihre geschlossenen Lider und verhinderte, daß sie wirklich einschlief.

Gegen Abend veränderte sich das Wetter, und das Schiff begann ganz leicht zu schlingern. Der Kapitän ging nervös auf dem Oberdeck hin und her und beobachtete den Himmel. Dann ließ er die Kisten befestigen und die Fässer nach unten in den Lagerraum tragen. Als er an meiner Mutter vorbeikam, erinnerte er sich an sein Versprechen und führte sie hinab zu einer Koje.

Von Hunger geschwächt, von der stickigen Luft benommen und von der Dunkelheit geängstigt, krümmte meine Mutter sich auf ihrer Pritsche zusammen. Sie konnte nicht schlafen. Sie meinte durch die Astlöcher des Bretterverschlags neben ihrem Lager das Murmeln des Mannes zu hören – oder war es das langsam anschwellende Grollen der See?

Nach einer Weile vernahm sie deutlich das Aufklatschen riesiger Wellen über sich auf dem Oberdeck, die Rufe der Fahrgäste, ob es Schwimmwesten gäbe, das Herumrutschen schwerer Gegenstände auf dem Zwischendeck und den Befehl des Kapitäns, die Halteleinen der Ladung zu kappen.

Plötzlich hörte sie aus dem Durcheinander der Stimmen die wilden Schreie des Mannes heraus, man solle ihn ins Meer werfen, erst dann würde es sich beruhigen. Einen Moment später wurde das Schiff nach oben gedrückt, und es schien meiner Mutter, als hinge sie für Minuten in der Luft. Ein Knall wie ein Donnerschlag und ein Reißen wie von berstendem Holz war das letzte, was sie hörte.

Ein Eisenkanister hatte sich aus seinem Haltegurt gelöst, war immer schneller über die Holzplanken des Zwischendecks gerast, hatte andere Kisten und Fässer mit sich gerissen und mit ihnen zusammen eine Wand durchbrochen. Als ein Holzbalken senkrecht abwärts auf meine Mutter niederfiel und ihren Hinterkopf traf, verlor sie sofort das Bewußtsein. Aus diesem Zustand wurde sie geweckt durch ein weiß schäumendes Licht. Sie war leicht, ein Stück Treibholz, und flog auf dieses Licht zu. Das Licht verwandelte sich in tausende kleine Blasen, die mit ihr aufstiegen und sie auf den Kamm einer Welle hoben. Oben angekommen, schaukelte sie für einen Moment wie in einer Fruchtblase, dann schlug ihr die nächste Welle hart gegen den Hinterkopf. Der Schmerz durchfuhr sie, als hätte ein Stromschlag sie getroffen. Sie riß die Augen auf und sah vor sich schwarze Steinmassen, aufgebäumt wie ein gräßliches Untier.

In ihrer Bestürzung über den Anblick sackte sie um einige Zentimeter ab und schluckte Wasser. Mit panisch unkoordinierten Arm- und Beinbewegungen versuchte sie, sich wieder zur Wasseroberfläche hochzudrängen und in dem haltlosen Nichts einen Widerstand zu finden, von dem sie sich hätte abstoßen können.

Eine meterhohe Welle packte sie und riß sie nach oben – oder schwamm sie im Schaum eines riesigen Mauls, das sie nach oben spuckte? Sie wurde auf eine weiße Gischtsäule zu geschleudert, würgte während des Flugs das Wasser aus ihren Lungen, atmete und sah erst jetzt, als sie mit den Füßen zuerst in den Schlund hineingesogen wurde, den Fisch. Ein grell-gelber Blitz fuhr durch ihren Schädel, dann raste sie in einen schwarzen Trichter, der sich wie ein mächtiger Bauch vor ihr öffnete. Unten war es heiß und stickig und, für einen Moment, totenstill. Dann meinte sie eine Stimme zu hören, die dem Fisch befahl, sie nicht als seine Nahrung zu betrachten, sondern sie gut zu verwahren. Diese Worte kamen ihr sonderbar und bekannt zugleich vor, wie etwas Kostbares aus ihrer Kindheit. Sie richtete sich auf und lauschte, ob sie noch weitere Worte vernähme. Doch sie hörte nur ein leises Rauschen und Glucksen: vielleicht das Kreisen ihres Blutes, das Pochen ihres Herzens – oder war es das Gurgeln und Schmirgeln des Wassers, das sich an den Flossen des Fisches rieb?

Lange Zeit saß meine Mutter so da: auf ihre Hände gestützt, die Augen geschlossen, allein konzentriert auf die fremden Geräusche, die gleichmäßig wie ein Ein- und Ausatmen über sie hinweggingen. Da wußte sie, daß sie im Bauche eines Wales saß, und die Angst fiel von ihr ab. Alles war ihr vertraut, obwohl sie nicht einmal im Traum an diesem Ort gewesen war.

Als sie die Augen wieder öffnete, sah sie in der Ferne einen matten Lichtschein. Er war so zart und unstet, daß sie sich wunderte, ihn überhaupt zu registrieren. Aber ihre Sinne waren jetzt übernatürlich geschärft und wach. Vorsichtig erhob sie sich von dem weichen, glitschigen Grund und ging auf das Licht zu. Je tiefer sie in den Wal hineinging – oder hinausging: sie wußte nicht, welche Richtung sie einschlug – war es ihr, als beträte sie aus dem Inneren der Erde heraus eine Höhle, deren Wände bemalt waren mit urtümlichen Gebilden in braunen und dunkelroten Erdfarben. Schien draußen die Sonne? Leuchtete sie durch die Bauchdecke des Tieres? Orange, manchmal gelb fiel der Lichtschein zwischen den Rippenbögen hindurch. Dann wieder, als sei es Abend geworden, verdunkelten sich die schwimmenden Farben zu einem Nacht-Rot und schaukelten sie in den Schlaf hinüber: in ein Holunder-Rot hinein.

Manchmal wachte sie kurz auf, ihr Kopf war gegen eine Rippe des Wals gesunken, hatte dort Halt und Ruhe gefunden. Sie sah auf dunkle Stränge, schattige Wulste und schwarze Linien: Wie das Schwarz der Hörner und Hufe eines Mammuts.

Später fand sie sich umhüllt von gallertigem Wasser, sah auf mehrere Schichten aus rotem Fleisch, feingeriffelt, als säße sie unter dem Gewölbe eines riesigen Gaumens. Sie folgte der Wirbelsäule und schaute auf eine glatte Wand, sie war wie mit Fett bestrichen und glänzte hellrot. Darunter verengte sich die Höhle zu einem Tunnel, dunkelrot, schwarzviolett, schwarzbraun wie gebrannte Erde.

In diesem Raum war nichts schmerzlich, sie litt weder Hunger noch Durst, hatte weder Furcht noch Sehnsucht. Die Zeit verging. Beim Übergang vom Tag zur Nacht senkte sich ein an schwarz grenzendes Grau auf sie hinab, und sie hielt wie ein Kind jeweils einen Finger umfaßt, um die Tage und Nächte, die an ihr vorüberglitten, zu zählen.

Am Ende der dritten Nacht, es war noch sehr früh am Morgen, der Körper des Wales hatte sich ruckartig hin und her geworfen, platzte die milchige Glocke, die meine Mutter umgeben hatte. Das Wasser lief durch den Tunnel ab und zog sie hinter sich her. Sie wollte sich festhalten, weiter im Schutz des Bauches leben. Aber sie fand keinen Halt, der Tunnel war naß und glatt.

Sie riß die Augen auf und schrie gleichzeitig. Das Licht der Sonne und das Blau des Himmels stürzten auf sie ein. Sie lag auf etwas Weichem, Feuchtem, es roch nach Hanf und Blut. Ihre Füße stießen gegen umgestürzte Säcke. Fremde Menschen standen um sie herum. Sie lachten laut aus offenen, zahnlosen Mündern und riefen ihr etwas zu. Sie verstand nicht. Dann beugte sich der Mann über sie: der Verrückte. Seine großen, rauhen Hände hielten ihr einen rot-violetten Klumpen vor das Gesicht. An ihm baumelte eine gewundene Schnur. Plötzlich bewegte sich der glitschige Klumpen: er zuckte und wand sich, bäumte sich auf und schrie. Etwas wie ein Mund hatte sich an seinem oberen Ende geöffnet und sog Luft ein, stieß Luft und Schleim aus und schrie und schrie. Da wußte meine Mutter, daß sie ein Kind geboren hatte.

Kommentare zum Buche Jona

Paul Auster in der Übersetzung von Werner Schmitz

Das Leben im Innern des Wals. Eine Glosse über Jona, und was es bedeutet, das Sprechen zu verweigern. Paralleltext: Gepetto im Bauch des Haifischs (Wal in Disney-Version), und die Geschichte, wie Pinocchio ihn befreit. Stimmt es, daß man, um ein richtiger Junge zu werden, ins Meer hinabtauchen und seinen Vater retten muß?
Erste Erwähnung dieser Motive. Fortsetzungen folgen.

Dann Schiffbruch. Crusoe auf seiner Insel. »Wenn der Junge zu Hause bliebe, könnte er glücklich werden, doch wenn er in die Ferne zieht, wird er der elendeste Wicht, der je geboren wurde.« Einsames Bewußtsein. Oder nach George Oppen: »Der Schiffbruch des Einzelnen.«

Eine Vision von Wogen ringsum, Wasser endlos wie Luft, hinter ihm der heiße Dschungel. »Ich bin von der Menschheit abgesondert, ein Einsiedler, verbannt aus der Gemeinschaft der Menschen.«

Und Freitag? Nein, noch nicht. Es gibt keinen Freitag, zumindest nicht hier. Alle Geschehnisse gehen diesem Augenblick voraus. Oder: die Wellen werden die Fußspuren weggespült haben.

[...]

Das Buch der Erinnerung. Buch Sieben.

Erster Kommentar zum Buch Jona.

Was einem unmittelbar auffällt, ist das merkwürdige Verhältnis dieses Buchs zu den anderen Prophetenbüchern. Dieses kurze Werk, das einzige, das in der dritten Person geschrieben ist, schildert Einsamkeit so dramatisch wie kein anderes Buch der Bibel, und doch scheint der Erzähler außerhalb dieser Einsamkeit zu stehen, als sei das »Ich«, als es sich in die Finsternis dieser Einsamkeit stürzte, vor sich selbst verschwunden. Es kann daher nur in der Person eines anderen von sich selbst sprechen. Wie in Rimbauds Ausdruck »Je est un autre«.

Jona ist nicht nur unwillig zu sprechen (wie zum Beispiel Jeremia), sondern er weigert sich geradezu. »Es erging das Wort Jahwes an Jona ... Aber Jona machte sich auf, um vor Jahwe ... zu fliehen.«

Jona flieht. Er geht auf ein Schiff und bezahlt das Fahrgeld. Ein schrecklicher Sturm kommt auf, und die Schiffer fürchten, sie werden untergehen. Doch Jona ist »in den untersten Teil des Schiffes hinabgestiegen; und er legte sich hin und schlief ein«. Schlaf also als endgültiger Rückzug von der Welt. Schlaf als ein Bild der Einsamkeit. Oblomow, wie er sich, zusammengerollt auf seiner Couch, in den Schoß seiner Mutter zurückträumt. Jona im Bauch des Schiffs. Jona im Bauch des Wals.

Der Kapitän des Schiffes findet Jona und sagt ihm, er solle zu seinem Gott beten. Unterdessen haben die Matrosen das Los geworfen, um herauszufinden, wer von ihnen für den Sturm verantwortlich ist, »... und das Los fiel auf Jona.

... Und da antwortete er ihnen; ›Nehmt mich und werft mich ins Meer, damit das Meer sich beruhige und von euch ablasse, denn ich weiß, daß um meinetwillen dieser große Sturm über euch gekommen ist.‹

Aber die Männer legten sich in die Ruder, um ans Land zu kommen, aber sie vermochten es nicht, denn das Meer stürmte immer mächtiger gegen sie an ...

Und so nahmen sie Jona und warfen ihn ins Meer, und das Meer ließ ab von seinem Toben.«

Ungeachtet der weitverbreiteten Legenden über den Wal ist der große Fisch, der Jona verschlingt, alles andere als ein Werkzeug der Zerstörung. Gerade der Fisch rettet ihn vor dem Ertrinken. »Die Wasser stiegen mir bis zur Gurgel, es umfing mich die Flut, Schilf wand sich um mein Haupt.« In der Tiefe dieser Einsamkeit, die gleichermaßen die Tiefe des Schweigens ist, als sei in der Verweigerung des Sprechens auch die Weigerung enthalten, sein Gesicht einem anderen zuzuwenden (»Aber Jona machte sich auf, um vor Jahwe zu fliehen«) – was besagt: wer Einsamkeit sucht, sucht Schweigen; wer nicht spricht, ist allein bis hin zum Tode –, begegnet Jona der Finsternis des Todes. Uns wird erzählt, »Jona war drei Tage und drei Nächte im Bauche des Fisches«, und an anderer Stelle, in einem Kapitel des *Sohar*, heißt es: »›Drei Tage und drei Nächte‹: das bedeutet die drei Tage, die ein Mensch in seinem Grab liegt, ehe sein Bauch aufbricht.« Und als der Fisch Jona dann aufs trockene Land ausspeit, ist Jona dem Leben wiedergegeben, als wäre der Tod, den er im Bauch des Wales gefunden hatte, die Vorbereitung auf ein neues Leben gewesen, ein Leben, das durch den Tod gegangen ist, und folglich ein Leben, das endlich sprechen kann. Denn die Angst vor dem Tod hat ihm den Mund geöffnet. »Ich rief aus meiner Not zu Jahwe, und er erhörte mich; aus dem Schoß der Scheol schrie ich empor, du hörtest meine Stimme.« In der finsteren Einsamkeit des Todes wird ihm endlich die Zunge gelöst, und sobald er zu sprechen beginnt, bekommt er Antwort. Und selbst wenn keine Antwort käme, hat der Mann immerhin zu sprechen begonnen.

Der Prophet. Wie in dem Ausdruck »falscher Prophet«: sich in die Zukunft reden, nicht durch Wissen, sondern durch Intuition. Der wahre Prophet weiß. Der falsche Prophet mutmaßt.

Dies war Jonas größtes Problem. Wenn er den Einwohnern von Ninive Gottes Botschaft ausrichtete, er werde die Stadt wegen ihrer Gottlosigkeit in vierzig Tagen zerstören, dann würden sie bestimmt bereuen und daher verschont werden. Denn er wußte, Gott war »barmherzig, langsam zum Zorn und reich an Gnade«.

»Die Männer von Ninive aber glaubten Gott und riefen ein Fasten aus und zogen Bußgewänder an, groß und klein.«

Aber würde sich Jonas Prophezeiung nicht als falsch erweisen, wenn die Einwohner von Ninive verschont würden? Wäre er dann nicht ein falscher Prophet? Daher das Paradoxon im Mittelpunkt des Buchs: die Prophezeiung bliebe nur dann wahr, wenn er sie nicht ausspräche. Aber dann gäbe es freilich keine Prophezeiung, und Jona wäre kein Prophet. Doch besser kein Prophet sein als ein falscher. »Und nun,

Jahwe, nimm doch mein Leben von mir, denn es ist besser, ich sterbe, als daß ich am Leben bleibe.«

Daher hielt Jona den Mund. Daher floh Jona vor dem Herrn und erlebte das Schicksal des Scheiterns. Soll heißen, das Scheitern des einzelnen.

[...]

Rückkehr zum Bauch des Wals.

»Es erging das Wort Jahwes an Jona ... also ›Auf, gehe nach Ninive, der großen Stadt, und predige ihr ...‹«

Auch in diesem Befehl unterscheidet sich Jonas Geschichte von der aller anderen Propheten. Denn die Bewohner Ninives sind keine Juden. Im Gegensatz zu den anderen Überbringern von Gottes Wort wird Jona nicht aufgefordert, zu seinen eigenen Leuten, sondern zu Fremden zu reden. Schlimmer noch, es sind die Feinde seines Volkes. Ninive war die Hauptstadt Assyriens, des mächtigsten Reiches der damaligen Welt. In den Worten Nahums (dessen Prophezeiungen auf derselben Schriftrolle wie die des Jona überliefert wurden): »Die Blutstadt. Alles an ihr ist Betrug, sie ist voll von Gewalttat, sie will vom Rauben nicht lassen.«

»Auf, gehe nach Ninive«, sagt Gott zu Jona. Ninive liegt im Osten. Prompt geht Jona nach Westen, nach Tarschisch (Tartessus, an der äußersten Spitze Spaniens). Er läuft nicht nur einfach weg, sondern geht bis an die Grenze der damals bekannten Welt. Das Motiv für diese Flucht ist leicht nachzuvollziehen. Man stelle sich einen analogen Fall vor: einem Juden würde gesagt, er solle während des Zweiten Weltkriegs nach Deutschland gehen und dort gegen die Nationalsozialisten predigen. Ein Gedanke, der Unmögliches verlangt.

Bereits im zweiten Jahrhundert heißt es dazu in einem rabbinischen Kommentar, Jona sei nicht an Bord des Schiffes gegangen, um der Gegenwart Gottes zu entfliehen, sondern um sich zum Wohle Israels im Meer zu ertränken. Dies ist eine politische Deutung des Buchs, die denn auch bald von christlichen Interpreten gegen die Juden angewandt wurde.

So sagt zum Beispiel Theodor von Mopsuhestia, daß Jona nach Ninive geschickt worden sei, weil die Juden sich geweigert hätten, die Propheten anzuhören, und das Buch Jona sei geschrieben worden, um diesem »halsstarrigen Volk« eine Lektion zu erteilen. Rupert von Deutz wiederum, ein anderer christlicher Interpret (zwölftes Jahrhundert), behauptet, der Prophet habe sich Gottes Gebot aus Respekt vor seinem Volk widersetzt, und eben deshalb sei Gott auch nicht sehr böse auf Jona gewesen. Dies entspricht der Meinung von Rabbi Akiba, der erklärte, daß »Jona zwar eifersüchtig auf den Ruhm des Sohnes (Israel) war, aber nicht auf den Ruhm des Vaters (Gott)«.

Gleichwohl erklärt sich Jona am Ende bereit, nach Ninive zu gehen. Aber nachdem er dort seine Botschaft ausgerichtet hat, nachdem die Niniveten Buße getan und ihr Leben geändert haben, nachdem Gott sie von Strafe verschont hat, erfahren wir: »Das verdroß Jona gar sehr, und er ward zornig.« Hier handelt es sich um patriotischen Zorn. Warum sollten die Feinde Israels geschont werden? Hier nun bekommt Jona – mit dem Gleichnis vom Rizinusstrauch – von Gott die Moral der Geschichte geliefert.

»Ist es wohl recht, daß du zornig bist?« fragt Jahwe. Worauf Jona sich an den Stadtrand verzieht, »um zu sehen, was mit der Stadt geschehen würde« – womit angedeutet wird, daß er immer noch an die Möglichkeit einer Zerstörung Ninives glaubte oder daß er hoffte, die Niniveten würden zu ihrem sündigen Lebenswandel zurückkehren und damit die Strafe auf sich herabziehen. Gott läßt einen Rizinusstrauch wachsen, der Jona vor der Sonne schützen soll, und »Jona freute sich sehr über den Rizinusstrauch«. Doch am nächsten Morgen hat Gott den Strauch verdorren lassen. Ein glühender Ostwind kommt auf, die Sonne brennt gnadenlos auf Jona nieder, so »daß er ganz ermattete, sich den Tod wünschte und sprach: ›Es ist besser, ich sterbe, als daß ich am Leben bleibe‹« – die gleichen Worte hat er schon früher benutzt, was darauf hinweist, daß die Botschaft dieses Gleichnisses dieselbe ist wie im ersten Teil des Buchs. »Da sprach Gott zu Jona: ›Ist es wohl recht, daß du zürnest wegen der Rizinusstaude?‹ Da erwiderte er: ›Mit Recht bin ich erzürnt und möchte sterben.‹ Da sprach Jahwe: ›Du hast Mitleid mit dem Rizinusstrauch, um den du dich nicht gemüht hast und den du nicht herangezogen hast, der in einer Nacht heranwuchs und in einer Nacht verging. Und ich soll nicht Mitleid haben mit Ninive, der großen Stadt, in der mehr als hundertzwanzigtausend Menschen leben, die nicht zwischen rechts und links unterscheiden können, und soviel Vieh?‹«

Diese Sünder, diese Heiden – und sogar das Vieh, das ihnen gehört – sind ebenso Gottes Geschöpfe wie die Hebräer. Eine verblüffende und originelle Idee, zumal in Anbetracht der Entstehungszeit der Geschichte – achtes Jahrhundert vor Chr. (Heraklits Zeit). Doch letzten Endes ist dies der Kern dessen, was die Rabbis zu lehren haben. Wenn es überhaupt Gerechtigkeit geben soll, dann muß es eine Gerechtigkeit für alle sein. Niemand kann ausgeschlossen werden, sonst kann es Gerechtigkeit nicht geben. Die Schlußfolgerung ist unausweichlich. Dieses winzige Buch, in dem uns die seltsame und sogar komische Geschichte von Jona erzählt wird, nimmt in der Liturgie einen zentralen Platz ein: alljährlich am Jom Kippur, dem Versöhnungstag, dem höchsten Feiertag im jüdischen Kalender, wird es in der Synagoge vorgelesen. Denn alles ist, wie schon bemerkt, mit allem anderen verbunden. Und wenn es alles gibt, dann folgt daraus, daß es alle gibt. Er wird Jonas letzte Worte nie vergessen: »Mit Recht bin ich erzürnt und möchte sterben.« Und doch schreibt er diese Worte auf das vor ihm liegende Blatt Papier. Wenn es alles gibt, dann folgt daraus, daß es alle gibt.
[...]
Zweite Rückkehr zum Bauch des Wals.
»Als er endlich wieder zu sich kam, konnte er sich beim besten Willen nicht darauf besinnen, in was für einer Welt er sich da plötzlich befand. Rings um ihn herrschte überall Dunkelheit, und zwar eine so dunkle Dunkelheit, eine so schwarze Dunkelheit, daß er hätte meinen können, mit dem Kopf in einem Tintenfaß zu stecken.«
So beschreibt Collodi Pinocchios Ankunft im Bauch des Haifischs. Er hätte ja auch auf herkömmliche Weise schreiben können: »ein tintenschwarzes Dunkel« – eine abgedroschene Phrase, die man liest und gleich wieder vergessen hat. Aber hier geschieht etwas anderes, etwas, bei dem sich die Frage, ob es gut oder schlecht geschrieben ist, gar nicht mehr stellt (und dies ist eindeutig nicht schlecht geschrieben). Man be-

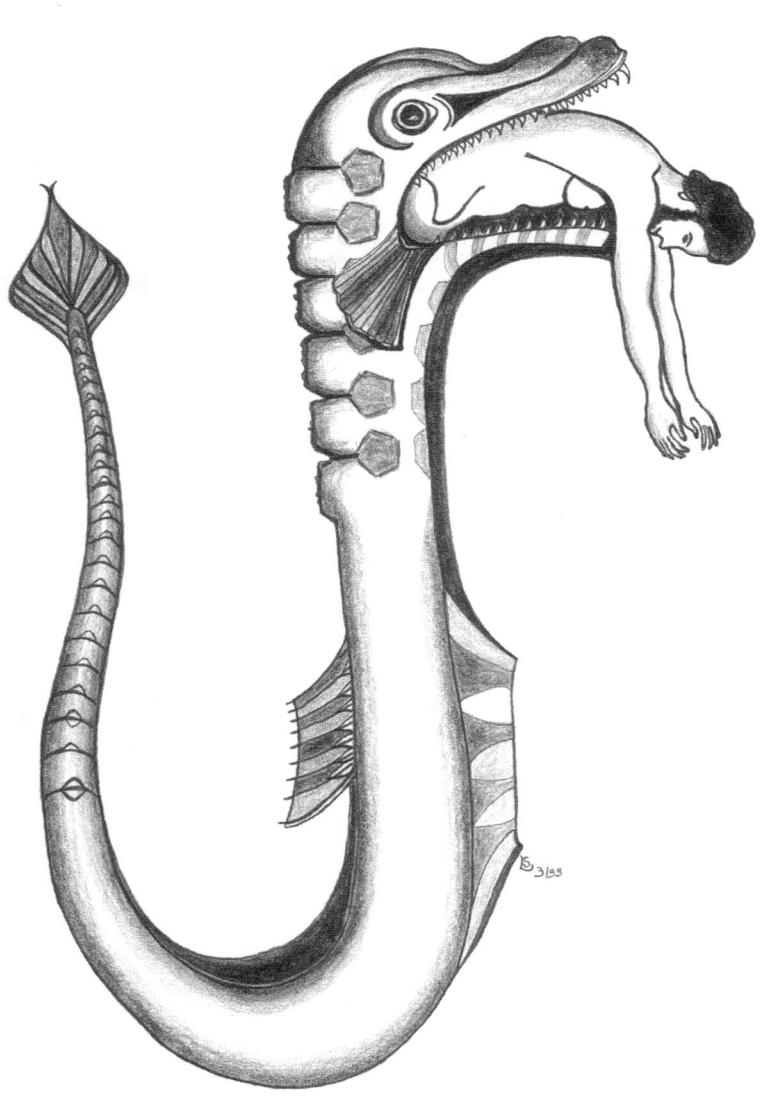

achte genau: Collodi stellt in diesem Absatz keine Vergleiche an; hier gibt es kein »als ob«, kein »wie«, nichts, womit ein Ding mit einem anderen gleichgestellt oder kontrastiert wird. Das Bild absoluter Dunkelheit weicht unmittelbar dem Bild eines Tintenfasses. Pinocchio ist eben erst in den Bauch des Haifisches gekommen. Er weiß noch nicht, daß auch Geppetto sich dort befindet. Zumindest für diesen kurzen Augenblick hat er alles verloren. Pinocchio ist vom Dunkel der Einsamkeit umgeben. Und in diesem Dunkel, wo der Puppenjunge schließlich den Mut findet, seinen Vater zu retten und damit seine Verwandlung in einen richtigen Jungen herbeizuführen, ereignet sich der wesentliche Schöpfungsakt dieses Buchs.

Jona – eine unendliche Geschichte

Nachwort von Rüdiger Lux

»... und er spie Jona aus an Land«, nicht nur einmal, sondern viele Male. Immer wieder wurde und wird er angespült wie ein Stück Treibgut, dieser »kleine Prophet«, der es unter den Literaten zu größerer Reputation bringen sollte als jeder andere seiner Zunft. Was macht wohl das Geheimnis der »vielen Leben« des Jona in der Literatur aus? Wer dieser Frage nachgeht, wird sich nicht auf eine Antwort beschränken können.

Das Jonabuch – eine Perle narrativer Theologie

Offensichtlich interessierte das Leben des Jona bereits die biblischen Erzähler mehr als seine kurze, kräftige Predigt, die er den Niniviten hielt. Im hebräischen Erzähltext besteht diese aus ganzen fünf Worten (für die die deutsche Sprache schon sieben braucht): »Vierzig Tage noch und Ninive wird untergehen!« (Jona 3,4) Einige Kommentatoren konnten in dieser Kürze der Predigt nicht die Würze des Erzählers wiederfinden, sondern vermuteten dahinter einen Hinweis auf die anhaltende Renitenz des Propheten gegen Gott. »Er ist wie der Hund, den man zum Jagen tragen muß« (W. Rudolph). Was aber, wenn nicht die Predigt, sondern das erzählte Leben des Jona die eigentliche Botschaft an den Leser enthalten sollte? Lag darin nicht geradezu eine Einladung zum Nach- und Weitererzählen? Die literarische Wirkung, die vom biblischen Jonabüchlein ausging, hat wohl vor allem damit etwas zu tun, daß es sich um ein Stück »narrativer Theologie« (H. Weinrich) handelt.

Wer allerdings glaubt, daß diese narrative Theologie des Jonabuches lediglich etwas für naive, vorkritische Gemüter sei, geht in die Irre. Ein genaueres Hinschauen läßt uns erkennen, daß wir es bei seinem Autor nicht nur mit einem raffinierten Erzähler, sondern auch mit einem gelehrten Theologen aus spätnachexilischer Zeit (ca. 5. Jh.v.Chr.) zu tun haben. Dieser kannte die in der Jerusalemer Tempeltheologie beheimatete »Gnadenformel«, wonach Gott »gnädig, barmherzig, langmütig und von großer Güte sei...« (Jona 4,2; vgl. 2 Mose 34,6; Joel 2,13; Ps 86,15; 103,8; 145,8). Mit seiner Erzählung griff er in die gelehrte Diskussion der Tempeltheologen ein und bezog Stellung zu der Frage, ob diese Gnade und Güte Gottes denn nur den Judäern oder auch anderen, Israel feindlich gesinnten Völkern zugute kommen könne. Der Erzähler wußte um die Bedeutung der »Umkehr«, die im Jeremiabuch (Jer 18,7–8) und in der Exilszeit zu einem wichtigen Deutungsschlüssel für das Schicksal Judas wurde. Ja, er zeichnet den umkehrwilligen fremden König von Ninive (Jona 3,6–7) als positives Gegenbild zu Jojakim, dem vorletzten König Judas, der durch seine Unbußfertigkeit sich selbst und sein Volk in die Katastrophe führte (Jer 36).

Daß wir es im Jonabuch mit einem theologisch gebildeten und schriftgelehrten Erzähler zu tun haben, wird aber vor allem in dem Augenblick deutlich, in dem er uns Jona als Beter vor Augen stellt. Der Psalm, den der Prophet im Bauch des Fisches singt (Jona 2), ist im Mosaikstil abgefaßt. Er setzt sich wie ein bunter Flickenteppich aus einer Fülle von wörtlichen Anspielungen und kurzen Psalmsplittern zusammen (Ps 3,9; 18,5; 31,7.23; 42,8; 69,2.3.16; 88,3; 103,4; 116, 17.18; 120,1; 142,4; 143,5). In der Stunde der äußersten Not läßt der Erzähler den Propheten die Psalmen Israels repetieren. Da spricht Jona wieder die (Gebets-) Sprache seines Volkes, vor dessen Gott er zu fliehen versuchte. Der theologisch versierte, hochgebildete Erzähler erweist sich damit als ein Meister der narrativen Strategie. Denn der israelitische Hörer und Leser, der seine Psalmen kannte, verstand die Botschaft, ohne daß sie ihm ausdrücklich gesagt werden mußte: Jetzt, im Gespräch mit Gott, da war er wieder einer von ihnen, Jona, der renitente Prophet.

Bereits diese wenigen Hinweise lassen erkennen, daß wir es im Jonabuch nicht mit einer »schlichten« Volkserzählung zu tun haben. Hier wird Theologie getrieben! Das hohe Reflexionsniveau, das die literarischen Adaptionen und Rezeptionen in der Anthologie »Der rebellische Prophet« auszeichnet, läßt das deutliche Ringen der Autorinnen und Autoren erkennen, dem intellektuellen und literarischen Niveau ihres Originals zu entsprechen. Die theologische »Dogmatik«, die der Jonaerzähler entfaltet, kommt allerdings nicht auf einem dünnen Seil der Gedankenakrobatik daher. Denn hier, im Jonabuch, wird nicht nur gedacht, da wird denkend erzählt, geseufzt, gelitten und mitgelitten, geklagt und räsoniert, verzagt und aufgeatmet. Es ist diese narrative Anstiftung zur Identifikation, die der Erzähler inszenierte. Die Spannung im Geschick des Jona hat sich in einer spannenden Erzählung ihre Gestalt gesucht. Die spannende Erzählung greift nach ihren Lesern. Das Zittern um Jona zieht sie gleichsam mit hinein in den Bauch des Fisches. »Welch ein Kampf ist da in seinem Herzen gewesen? Da hätte er wohl auch vor Angst Blut schwitzen können. Da muß er gegen seine Sünde, gegen sein eigenes Gewissen und das Fühlen seines Herzens, gegen den Tod und gegen Gottes Zorn zugleich auf einmal fechten. Da wird seine Seele an einem seidenen Faden über der Hölle und ewigen Verdammnis gehangen haben.« (M. Luther) Ist es dieses Empfinden, unsere Seele an einem seidenen Faden über der Hölle zu wissen, durch welches die Geschichte von Jona zur unendlichen Geschichte wurde?

Der historische Jona und der erzählte Jona

Jona, das sind nicht wir, und doch ist er ein Jedermann. Wie kommt es zu dieser Dialektik von Fremdem und Eigenem? Wohl nur dadurch, daß der historische Jona zum literarischen wurde. Wer mehr über das Leben dieses Propheten wissen möchte als die Geschichte vom Skandal um Ninive, der kommt in der Hebräischen Bibel nicht auf seine Kosten. Außerhalb des Jonabuches begegnet uns der Prophet lediglich in 2 Kön 14,25. Er stammte aus Gat-Hefer in Galiläa (heute *Khirbet ez-zurra'*), wenige Kilometer von Nazaret entfernt, und war ein Sohn Amittais. Ganz in der Nähe hat sich hartnäckig eine Grabtradition vom *nebi junus* (Prophet Jona) erhalten.

Die Nähe zu Nazaret wirft ein bezeichnendes Licht auf die Aufnahme der Jonatradition in einigen Jesuslogien (Mt 12,38–41;Lk 11,29–32). War Jesus etwa die Geschichte vom widerspenstigen Propheten im Bauch des Fisches schon seit seinen Kindertagen vertraut, weil man sie auf den Gassen Nazarets und seiner Umgebung erzählte?

In 2 Kön 14,25 wird von Jona weiterhin berichtet, daß er sich im 8. Jh.v.Chr. im Nordreich Israel unter Jerobeam II. als Heilsprophet einen Namen machte. Gegen die Stimme seines Kollegen, des Viehhirten und Maulbeerfeigenritzers Amos (Am 6,14), der sich nicht als Prophet bezeichnen lassen wollte (Am 7,10–17), weissagte Jona die Wiederherstellung des Nordreiches Israel in seiner Ausdehnung von Lebo-Hamat bis zum Meer der Araba. Das ist alles, was wir über den historischen Jona wissen. Aber daran wird sich wohl noch Jahrhunderte später der Jonaerzähler mit seiner subtilen Kritik an den Heilspropheten erinnert haben. Und diese Erinnerung, die möglicherweise durch weitere Episoden und Schwänke angereichert wurde, die sich der Volksmund von Jona ben Amittai in den Hafenstädten der levantinischen Küste und den Karawansereien erzählte, formte aus dem historischen den literarischen Jona.

Heilspropheten werden gern gehört. Besonders dann, wenn sie gegen den Erzfeind jenseits der Grenzen wettern. Da kommt nationales Pathos auf. Und doch nagt in den Hörern, die ihnen allzu gerne Glauben schenken, der leise Verdacht, daß sie letztlich doch nur die Propagandisten der Macht sein könnten, die dem König nach dem Munde reden (vgl. 1 Kön 22). In den eigenen vier Wänden ist gut schimpfen. Doch wie ist es um den Mut des Heilspropheten bestellt, wenn er in die Höhle des Löwen, zum Erzfeind Israels nach Ninive geschickt wird, um dort den Bannstrahl des Unheils und der Flüche gegen die Stadt und ihre Einwohner zu richten? Ist er bereit, seine prophetische Existenz in letzter Konsequenz zu leben? »Er als erster hat den Tod zu sterben, den er geweissagt hat.« (F. Rosenzweig) Der Jonaerzähler wußte um dieses Drama aller wahren Prophetie. Er spielt sie durch, die Verzweiflung des Propheten, dem selbst Gott es niemals recht machen konnte.

Kamen sie immer wieder auf ihn zurück, die Philosophen und Literaten, weil sie im Geschick des Jona ihr eigenes Lebensdrama vorgezeichnet fanden? Fühlten sie einen Moment in sich den »Fluch«, Prophet sein zu müssen? Läßt sich dieser Riß in der eigenen Person versöhnen? Einerseits gehetzt von der Moira, die Wahrheit zu denken, zu sagen und zu schreiben, andererseits getrieben von der manischen Lust auf Anerkennung; immer wieder magisch angezogen von der Versuchung, den Claqueur der Mächtigen abzugeben, vollgehängt mit Staatspreisen einem beschaulichen Lebensende entgegenzugehen, oder aufgefressen von der Angst, den eigenen Kragen zu riskieren, mit Rede- und Schreibverbot belegt, zum Schweigen verurteilt bis hin zum vorzeitigen Tod. Wer sehnte sich nicht auf's Schiff nach Tharsis angesichts eines solchen Martyriums auf Raten? Die Wege des Jona zwischen Heils- und Unheilsprophetie endeten nicht im 8. Jh.v.Chr.

Das Wunder des Jona

»Das kann wohl eine seltsame Schiffahrt heißen. Wer wollt's auch glauben und nicht für eine Lüge und Märlein halten, wenn es nicht in der Schrift stünde?« (M. Luther) Es ist wohl wahr, seine breite Resonanz verdankt das Jonabuch nicht zuletzt der Story mit dem großen Fisch. Noch immer ist das Wunder des Menschen liebstes Kind! Aber er reibt sich auch daran.

Oft hat man allen biblizistischen Scharfsinn aufgebracht, um an der Wörtlichkeit des erzählten Geschehens festhalten zu können. Da wurde der Schlund von Walfischen und Meeresriesen vermessen. Seemannsgeschichten vom verschlungenen und doch geretteten Fischer James Barthy von den Falklandinseln machten Furore. Andere bemühten sich als

Aufklärer, der Plausibilität des Erzählten durch eine gehörige Portion rationalistischer Phantasie aufzuhelfen. Sie mutmaßten, der große Fisch sei gar kein Fisch, sondern ein Schiff gewesen, das den Namen »großer Fisch« getragen habe. Und ein Ausleger, der wahrscheinlich selbst zu gerne und zu tief ins Weinglas schaute, mutmaßte, das Meeresungeheuer könnte eine Hafenkneipe mit Namen »Zum Walfisch« gewesen sein, in der Jona versackte, nachdem er an Land gespült worden war. Es ist schon merkwürdig, wie nahe sich Biblizisten und Rationalisten sind. Beide, ob sie sich nun der Rettung oder der Abschaffung der Wunder verpflichtet wissen, verfehlen in ihrem Bemühen »aufzuklären« das Wunder.

Worin aber besteht das Wunder des Jona? Darin, daß er drei Tage und drei Nächte im Bauch eines Fisches überlebte? Oder darin, daß er in der Stunde der Verzweiflung Trost fand? »Denn des Walfisches Rachen kann wahrlich dem armen, verlorenen und sterbenden Jona nichts andres als ein schreckliches Bild gewesen sein, als sich das Maul des Fisches so weit auftat und die scharfen Zähne rundumher standen wie spitze Säulen oder Balken und so ein weites Kellerloch in den Bauch hinein. Heißt das: Trösten im Tod? Ist das der freundliche Blick im Sterben, daß Sterben und Tod nicht genug sein solle?« (M. Luther) Das Jonabuch aber spielt verkehrte Welt. Da wird das Grauen zur Rettung. Der offene Schlund will nicht vernichten, sondern bewahren.

In der Herakles- oder Perseussage, die dem Jonaerzähler möglicherweise als mythologischer Steinbruch dienten, ist das Meeresungeheuer wirklich ein Ungeheuer, das die schöne Hesione bzw. Andromeda bedroht. Es muß von einem Helden, den es verschlingt, von innen her getötet werden. Selbst noch in der Jasonsage, in der Jason von einem Drachen verschlungen wird, verdirbt dieser dem Ungeheuer mit einer Zaubersalbe derartig den Magen, daß er ihn im wahrsten Sinne des Wortes wieder auskotzen muß. Im Jonabuch hingegen erweist sich der große, furchterregende Fisch als rettendes »saltwater taxi« (G. B. Stanton). »Da ist alles umgekehrt. Was vorher zum Tode dient, muß zum Leben dienen. Da muß der Fisch, der vorher des Todes Werkzeug war, des Lebens Werkzeug sein, und Jona muß durch denjenigen zum

Leben kommen, durch welchen er zum Tode gefangen und geführt wurde.« (M. Luther) Ist also das das Wunder des Jona, diese Umkehrung vom Tod zum Leben? Die Jesuserzähler haben ihr Jonabuch jedenfalls so verstanden und weitererzählt, indem sie im dreitägigen Aufenthalt Jonas im Fisch eine Analogie zu den drei Tagen sahen, die der auferstandene Menschensohn im Schoß der Erde ruhte (Mt 12,40). Das Wunder des Jona also ein Wunder des Lebens aus dem Tod?

Das ist es wohl auch. Vor allem aber ist das Wunder des Jona ein Wunder der Poesie. Für die Griechen fielen ja das Wunder der Erschaffung neuen Lebens in einer Welt des Todes und das Wunder der Dichtkunst in einem Wort zusammen: *poiesis* – Poesie. Es ist wohl diese ganz ungewöhnlich schöpferische Dramatik, mit der der Wille zum Leben in diesem Büchlein entfaltet wird. Jona will leben und nicht sterben in der Stadt der Feinde. Er flieht und rennt in den Tod. Im Todesrachen spricht er die Psalmen seiner Väter und findet zur Sprache der Lebenden zurück. Aber nicht nur er wird von Gott dem Leben zurückgegeben, sondern auch Mensch und Vieh in Ninive, die durch ihr böses Tun dem Untergang entgegentrieben. Ist es diese unausrottbare Hoffnung auf Leben, die das Jonabuch zu einer unendlichen Geschichte macht? Und ist alles Nach- und Weitererzählen dieser Geschichte nicht ein anhaltendes Schreiben gegen den Tod? Literatur, Poesie als Lebenselixier – nicht dadurch, daß sie den Tod flieht, sondern ihm in den Rachen schaut und trotzdem nicht verzweifelt? Martin Luther hat diesen Lebenswillen zwischen Angst und Hoffnung in seiner Jonaauslegung trefflich zusammengefaßt: »Das erste ist aber, daß wir hier merken, wie Gott ganz und gar wunderbar ist in seinen Heiligen, damit niemand leichtfertig sei, jemanden um eines Werkes willen zu richten oder zu verdammen. Das Werk kann böse sein und ist auch böse, dennoch soll ich die Person nicht verachten oder verwerfen. Denn wenn wir Jona hier ansehen, dann ist sein Werk hier wahrlich unrecht, weil Gott selbst es tadelt. Dennoch ist er das liebe Kind und redet mit Gott so frei, als fürchte er sich nicht vor ihm ..., und traut ihm wie einem Vater. Das zweite, was wir lernen, ist, daß

Gott seine lieben Kinder in guten, großen, groben Stücken närrisch sein und fehlgreifen läßt ... Das dritte, was wir sehen, ist, daß Gott ganz freundlich, väterlich und lieblich mit denjenigen handelt und umgeht, die ihm in Nöten vertrauen ...«

Von der Flucht und vom Gehorsam der Propheten

Am Anfang des Jonabuches steht ein Imperativ: »Auf, geh...!« Mit diesem Signal eröffnet der Erzähler zwei Möglichkeiten seine Erzählung fortzusetzen. Er kann zeigen, auf welche Weise sein Held dem Befehl nachkommt oder sich ihm verweigert. Der Jonaerzähler spielt beide Möglichkeiten durch.

Im ersten Kapitel stellt er uns den ungehorsamen Jona vor, der sich dem Auftrag Gottes, nach Ninive im Osten zu gehen, verweigert. Er sucht ein Schiff, das nach Tharsis in die entgegengesetzte Richtung nach Westen fährt. Der Heilsprophet träumt von Ruhe und Beschaulichkeit. »Da liegt er und schnarcht in seinen Sünden, hört und sieht nichts, fühlt auch nicht, was Gottes Zorn über ihm anhängig macht und vornimmt.« (M. Luther) Wer aber ahnte es nicht, daß diese Ruhe trügerisch ist? Schon braut sich im Hintergrund ein Gottessturm zusammen. Flucht vor dem Schöpfer des Himmels und der Erde, zu dem sich Jona bekennt (Jona 1,9), ist keine Möglichkeit. Ihm kommt man nicht aus den Augen. Sie führt genau dorthin, wovor er glaubte, davonlaufen zu müssen, in den Tod. Kann man gegen seine Bestimmung reden, schreiben, vor ihr schreibend davonrennen?

Deswegen setzt der Erzähler im dritten Kapitel noch einmal an. Jetzt sehen wir den gehorsamen Propheten, wie er nach Ninive geht, in die Stadt, die »drei Tagereisen groß« ist, daß er sich ganz verloren darin vorkommen muß. Und er sagt, was er sagen muß: »Vierzig Tage noch und Ninive wird untergehen!« (Jona 3,4) Da geschieht völlig Unerwartetes. Der Unheilsprophet hat Erfolg. Vom König bis zum lieben Vieh, alle gehen in Sack und Asche und tuen Buße. Die Alternative »Flucht oder Tod« stellte sich als falsche Alternative heraus, in der er gefangen war. Aus dem Tod, den Jona kündete, gingen Wege des Lebens hervor. Es gab eine Rettung für Ninive und den Propheten. Bestand darin das eigentliche Wunder des Jona?

War es das, was die Autoren durch die Jahrhunderte hindurch immer wieder an Jona faszinierte, daß die Wahrheit doch noch eine Chance haben könnte, daß man sie hören könnte, die schreibenden Propheten, daß es Menschen gibt, die ihr Leben auf ihr Wort hin ändern, die umkehren, und daß das ausgerechnet diejenigen sind, von denen man es am allerwenigsten erwartet hätte, die Erzfeinde? Steckt er da nicht drin im Jonabuch, der Traum vom Wort, das wirkt, von der Literatur, die verändert?

Was aber hat man davon zu halten, wenn das Wort das Gegenteil von dem bewirkt, was es sagt und womit zu rechnen war, eben Rettung und keinen Untergang? Folgt das Wort, einmal in die Welt gesprochen, einmal aufgeschrieben, seinen eigenen Gesetzen? Entzieht es sich regellos in seiner Wirkung dem Wollen der Propheten, der Dichter und Erzähler? Was hat man von den Prophetien zu halten, die sich nicht erfüllen und doch und gerade so ihre Wirkung zeigen? Was macht Gott aus unseren unerfüllten Prophetien? Ist Jona als Prophet gescheitert, weil er bei seinen Hörern Erfolg hatte? Gibt es das denn nicht, daß der Erfolg beim Leser zugleich der Mißerfolg des Autors ist? Als Prophet versagt, als Mensch gewonnen?

Im vierten Kapitel setzt der Erzähler Jona vor die Tore der Stadt und erteilt ihm im Gestrüpp der Fragen eine Lektion in Sachen Güte. Da hockt er unter einem Rizinus, um Ninive und seine eigenen Wege noch einmal zu bedenken. Jetzt schaut sich Jona gleichsam selbst über die Schulter, analysiert das Geschehen aus der Distanz und zieht nüchtern Bilanz.

Fragen an Gott: Wozu war er gut, der unerwartete Erfolg? Stehe ich jetzt, nach dem Ausbleiben der Katastrophe, vor meinen Landsleuten und vor den Niniviten nicht als Lügenprophet da? (vgl. 5 Mose 18,21–22) War das also wirklich dein Wort, Gott, das ich gekündet habe, oder waren es meine eigenen Wunschträume, Feindphantasien und Projektionen der Angst, die ich wie in einem Fiebertraum faselte? Und wenn es dein Wort war, warum stehst du nicht dazu? Warum fällst du, Gott, dir selbst und deinem Propheten in den Arm? Worauf ist eigentlich noch Verlaß, wenn nicht mehr auf dein Wort? Und was soll nun aus Israel werden, meiner Sippschaft und deinem erwählten Volk? Muß es jetzt nicht weiterleben mit seinen Feinden, den verhaßten Niniviten? Bedeutet das Heil für Ninive nicht Unheil für Israel? Wen soll ich mehr lieben, dich oder mein Volk?

Fragen an Jona: Ist dir das Rechtbehaltenwollen lieber als die Rettung Ninives? Du, Jona, Heilsprophet von alters her, bist du dir nicht treu geblieben? Selbst als Unheilsprophet durftest du Heil wirken. Oder liegt dir etwa nur am Heil deines eigenen Volkes? (vgl. Jona 4,2 mit Joel 2) Willst du nicht sehen, daß eure Feinde nicht mehr eure Feinde sind, daß sie umkehrten? Liebst du den Tod, auch den eigenen (Jona 4,3.8), mehr als das Leben? Ist die Güte Gottes denn nicht frei darin, die Worte der Propheten auf ihre Weise zu erfüllen? Wer soll eigentlich Recht behalten, der Prophet des Todes oder der Schöpfer des Lebens?

Am Ende des Buches steht eine letzte Frage: »... und mich sollte nicht jammern Ninive, eine so große Stadt, in der mehr als hundertundzwanzigtausend Menschen sind, die nicht wissen, was rechts oder links ist, dazu auch viele Tiere?« (Jona 4,11) Ist also die Erkenntnis der mitleidenden Güte Gottes nicht nur mit Israel, seinem Volk, sondern auch mit den Völkern, ja mit allen seinen Kreaturen, das Ziel aller unerfüllten Prophetien?

Der Erzähler läßt diese Frage nicht mehr durch Jona beantworten. Es bleibt die Aufgabe des Lesers, immer neu Rede und Antwort zu stehen im Labyrinth der Fragen, die uns mit dieser Erzählung gestellt sind. Wohl auch dadurch wurde das Jonabuch zu einer unendlichen Geschichte, weil die »Mitarbeit des Lesers am Text« (W. Iser) nach der Lektüre nicht beendet ist, sondern eigentlich erst ihren Anfang nimmt. Es könnte ein spannender Versuch sein, die in diesem Buch gesammelten Stimmen der fortschreibenden Literatur als Antworten auf die Schlußfrage des Jonabuches durchzubuchstabieren.

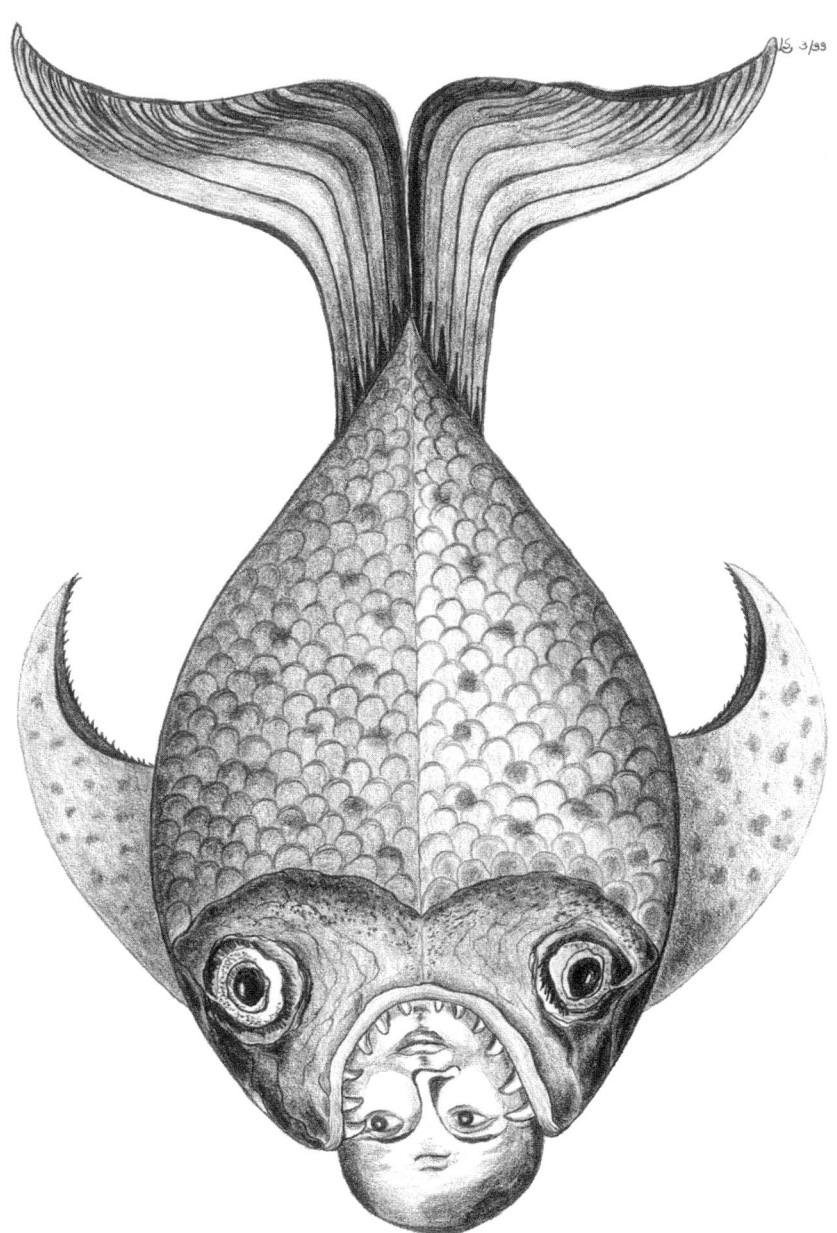

 ⟨٣/٩٩⟩

129

Quellen

S. 13   *Der Prophet Jona:* Jona 1,1 – 4,11 in der Übersetzung Martin Luthers, D. Martin Luther: Biblia. Das ist die gantze Heilige Schrifft Deudsch auffs new zugericht, Wittenberg 1545, [dtv-Ausgabe, hg. von Hans Volz unter Mitarbeit von Heinz Blanke, Textredaktion Friedrich Kur, S. 1613–1615]

S. 17   *Jona:* Jona 1,1 – 4,11 verdeutscht von Martin Buber und Franz Rosenzweig, Bücher der Kündung, S. 663–668, © Gütersloher Verlagshaus, Gütersloh

S. 23   *Die Predigt:* Herman Melville, Moby Dick, deutsch von Fritz Güttinger, Manesse Verlag, Zürich 1944, S. 71–81, S. 35

S. 36   *Pinocchio entdeckt im Leib des Haifischs ... Wen nur?:* Carlo Collodi, Pinocchios Abenteuer, Zweisprachige Ausgabe, aus dem Italienischen von Hans Riedt, © Insel Verlag Frankfurt am Main 1993, S. 329–339

S. 42   *Der Prophet Jona:* Otto Erich Hartleben, Ausgewählte Werke in drei Bänden, Erster Band: Gedichte, Berlin 1919, S. 151–159

S. 49   *Vielleicht heiße ich Jonas:* Spanische Lyrik des 20. Jahrhunderts, hg. von Gustav Siebenmann und José Manuel López, Stuttgart 1985, S. 117–119

S. 51   *Jonas:* Elias Canetti, Die Provinz des Menschen. Aufzeichnungen 1942–1972, S. 127, © 1973 Carl Hanser Verlag, München-Wien

S. 52   *Ein erschrockener Prophet flieht vor Gott:* Jiddische Geschichten aus aller Welt, hg. von Hermann Hakel, Tübingen und Basel 1967, S. 341–357

S. 70   *Jonahs Gebet:* Babits Mihály összegyüjtött versei [Mihály Babits' gesammelte Gedichte], hg. von Àgnes Kelevéz, Századvég Kiadó, Budapest 1933,

S. 458. Aus dem Ungarischen übersetzt von Írisz Sipos

S. 71   *Jonas:* Jean-Paul de Dadelsen, Jonas. Dichtungen, Köln / Olten 1964, S. 56–72

S. 88   *Jona:* Zbigniew Herbert, Inschrift. Übersetzung: Karl Dedecius, © Suhrkamp Verlag Frankfurt am Main 1973

S. 90   *Jonas:* Günter Eich, Gesammelte Werke, Band 1, S. 328f., © Suhrkamp Verlag Frankfurt am Main 1973

S. 92   *Jonas zum Beispiel:* Uwe Johnson, Karsch und andere Prosa, © Suhrkamp Verlag Frankfurt am Main 1964

S. 96   *etüde in f:* Ernst Jandl, © 1997 Luchterhand Literaturverlag GmbH, München

S. 98   *Worte des Jonas:* Christoph Meckel in: Bei Lebzeiten zu singen, Verlag Klaus Wagenbach, Berlin 1967

S. 99   *Jonah:* Edgar Allen Poe, in: Günter Kunert, Im weiteren Fortgang. Gedichte. München: C. Hanser, 1974, S. 80f. © 1974 G. Kunert c/o Carl Hanser Verlag, München-Wien

S. 100   *Auf das Ertrinken warten:* © Johannes Schenk, Segeltuch. 349 Gedichte, ISBN 3-00-003610-3, Druckerei Gerike GmbH, Erkelenzdamm 59/61, 10998 Berlin

S. 105   *Der Fisch:* © 1999 Verlag Vandenhoeck & Ruprecht, Göttingen

S. 111   *Kommentare zum Buche Jona:* Paul Auster, Die Erfindung der Einsamkeit, © 1993 by Rowohlt Verlag GmbH, Reinbek, S. 108f., 170–173, 217–219, 224f.

Wenn Sie weiterlesen möchten...

Rüdiger Lux
Jona
Prophet zwischen „Verweigerung" und „Gehorsam".
Eine erzählanalytische Studie

Das Jona-Buch gilt als eine Lehrerzählung mit einem ausgeprägten dogmatischen Interesse. Aber was leistet und wie verändert sich ‚dogmatische Theologie', wenn sie in Erzählform präsentiert wird? Dieser Kernfrage versucht die Arbeit mit der von der Literaturwissenschaft entwickelten, pragmatischen Erzähltextanalyse' nachzugehen.

Mit ihrer Hilfe erschließen sich sowohl Aufbau und Intention des Jona-Buches als auch insbesondere die Funktion des Jona-Psalms innerhalb der Strategie des Jona-Erzählers. Es erweist sich, daß die theologische Intention des Buches am besten in die spätnachexilische Prophetie und die in ihr geführte Auseinandersetzung von Vertretern einer universalen Theokratie mit partikularistisch-separatistischen Kräften paßt.
Sein Erzähler erweist sich als einfühlsamer ‚Seelsorger' an seinen verunsicherten Zeitgenossen.

Karin Finsterbusch / Helmut A. Müller (Hg.)
Das kann ich Dir nie verzeihen!?
Theologisches und Psychologisches
zu Schuld und Vergebung

Namhafte Autorinnen und Autoren aus den Bereichen Theologie, Psychologie und Psychoanalyse wollen mit ihren Beiträgen anregen und anleiten, sich mit einem Grundphänomen menschlicher Existenz auseinanderzusetzen: dem Aneinander-Schuldigwerden.

Rudolf Schenda
Von Mund zu Ohr
Bausteine zu einer Kulturgeschichte
volkstümlichen Erzählens in Europa

Rudolf Schenda gibt einen weit ausgreifenden Überblick über
die Geschichte des mündlichen Erzählens seit dem 16. Jahrhundert. Oft bisher kaum beachtete Quellen auswertend er-
schließt die Darstellung, kenntnisreich und interessant, den
Reichtum der kommunikativen Kultur Europas.

Max Lüthi
Es war einmal...
Vom Wesen des Volksmärchens

Zeitlos gültig bleibt die profunde, aber weder übertrieben
wissenschaftliche, noch tiefenpsychologisch überfrachtete
Interpretation Max Lüthis, die bei aller Klarheit doch stets
dem Zauber des Märchenhaften verpflichtet bleibt.

Christian Schärf
Geschichte des Essays
Von Montaigne bis Adorno

Das Werk stellt den ersten Versuch dar, die Geschichte des
Essays und des Essayismus in sowohl historischer als auch
poetologischer Sicht nachzuzeichnen. Die Perspektive reicht
von Montaigne bis hin zu Adorno. Sie erbringt über die reine
Erläuterung einer Gattung hinaus grundlegende Erkenntnisse
zur literarisch-produktiven Situation der Neuzeit bis in die
Spätmoderne.

Dieter Lamping bei V&R

Moderne Lyrik
Eine Einführung
Kleine Vandenhoeck-Reihe, 1557.
1991. 136 Seiten, kart.
ISBN 3-525-33573-3

Was ist moderne Lyrik? Welche
Dichter, welche Werke sind ihr
zuzurechnen? Diese Darstellung
beschränkt sich nicht auf deutsche Dichtung, moderne Lyrik
interessiert auch als internatio-
nale Erscheinung.

Das lyrische Gedicht
Definitionen zu Theorie und
Geschichte der Gattung
2., durchgesehene Auflage 1993.
283 Seiten, kart.
ISBN 3-525-20778-6

Dieter Lamping eröffnet der
Lyrikforschung, insbesondere
der Lyriktheorie einen Ausweg
aus mancherlei Schwierigkeiten
durch eine Neudefinition
grundlegender Begriffe.

Literatur und Theorie
Über poetologische Probleme
der Moderne
Sammlung Vandenhoeck.
1996. 139 Seiten, Paperback
ISBN 3-525-01217-9

Die hier vorgelegten Arbeiten
zeigen in klarer Darstellung,
wie ergiebig konkrete, konse-
quent auf Literatur bezogene
Literaturtheorie sein kann.
Literaturtheorie nicht als der,
aber als ein Weg zur Erkenntnis
von Literatur.

Lichtenbergs literarisches Nachleben
Eine Rezeptions-Geschichte
1992. 207 Seiten, kart.
ISBN 3-525-20781-6

Lichtenbergs literarisches Nach-
leben ist hauptsächlich seinen
im Nachlaß gefundenen „Sudel-
blättern" zu verdanken.
Dieter Lamping stellt dar, wie
sich vor allem Schriftsteller,
Philosophen und Psychologen
mit Lichtenberg auseinander-
gesetzt haben.

Von Kafka bis Celan
Jüdischer Diskurs in der deutschen
Literatur des 20. Jahrhunderts
Sammlung Vandenhoeck.
1998. 206 Seiten, Paperback
ISBN 3-525-01221-7

Ein wichtiger Beitrag zur deutschen wie zur jüdischen Litera-
turgeschichte – aus profunder
Kenntnis lesbar und verständ-
lich dargestellt.

V&R
Vandenhoeck
& Ruprecht

Biblisch-theologische Schwerpunkte

Eine Auswahl. Bei Subskription der Reihe 10 % Ermäßigung.

Vandenhoeck
& Ruprecht